# Vida en la Viña

*Recibir · Regocijar · Repartir*

*Marcel Sánchez*

**Vida en la Viña**

Recibir, Regocijar y Repartir



Kindle Direct Publishing
ISBN: 9781796548136



Impreso originalmente en los Estados Unidos de Norteamérica



Carátula y diseño del libro por Brenda Ulloa: Brenda@GlobalChurch.me

# Tabla de contenido

# Prólogo

La vida Cristiana se trata de una persona, Cristo Jesús. Jesús es la fuente de vida y el autor de la fe Cristiana (Juan 1:1-4). El enfoque de nuestra fe está en una relación que da vida y crece por fe. Todo lo que está a nuestro alrededor, y hago hincapié en TODO, tratará de destruir esta relación que da vida.

Lo que quisiera compartir contigo en estos próximos 30 días es como Dios ha usado una sencilla metáfora para ayudarnos a entender la sencillez de la vida Cristiana. Bien sea que hayas confiado en Jesús como tu Salvador hace unos cuantos minutos ó si le haz conocido por más de 30 años, todo lo que necesitas para vivir la vida Cristiana fluye de la presencia de Cristo en ti.

Quisiera agradecer a unas cuantas personas quienes han hecho posible que este libro sea una realidad. Mi estimado amigo, el Pastor Bud McCord, ha invertido innumerables horas en ayudar a simplificar este mensaje. Sus pensamientos se comparten en este libro bajo el título "Pensamientos que Permanecen" y servirán para ayudarte a vivir una vida que permanece.

El Pastor Bud ha entrenado a varios Asesores de una Vida que Permanece, de los cuales yo sirvo como uno. El valor de sus palabras de sabiduría, expresadas por medio de estas páginas es incalculable. Russell Johnson, mi amigo y Pastor Titular, ha invertido muchas horas traduciendo estos materiales al Español y proveyendo sabiduría durante el proceso. Brenda Ulloa, mi talentosa hermana en Cristo ha diseñado y formateado esta obra, mientras compartía su maestría a este proyecto.

Y ante todos mi hermosa esposa, Yami. Ella me ha apoyado desde el primer día de este proyecto. También sirve como la primera recipiente del fruto de Dios a través de mi vida.

*Marcel Sánchez*

17701 NW 57th Avenue
Miami, FL 33055
Oficina: 305-620-5111, ext. 226
Directo: 786-554-0312

**Pastor Ejecutivo, Iglesia Global**
Marcel@GlobalChurch.me | www.GlobalChurch.me

**Fundador, Imagine Mobile Church**
info@ImagineMobileChurch.com | www.ImagineMobileChurch.com

# ¡Felicidades!

Es tiempo para celebrar. Ahora eres un hijo del Rey. Tu decisión de aceptar y seguir a Jesucristo significa que, ahora mismo, eres una nueva creación, una nueva persona. Ya no eres el mismo.

De modo que si alguno está en Cristo, nueva criatura es; las cosas viejas pasaron; he aquí todas son hechas nuevas. (2 Corintios 5:17)

En términos sencillos, haz sido transformado permanentemente. Tu transformación espiritual se lleva a cabo inmediatamente, pero la aplicación de este cambio es un proceso de momento a momento.

La vida Cristiana se trata de una persona, Cristo Jesús, no un programa. Jesús es el que produce cambio en la vida. Ahora que Jesús vive dentro de ti, ya tienes toda la vida Cristiana a tu disposición las 24 horas al día, los siete días por semana.

No tienes una escasez de recursos espirituales. No tienes una falta de amor, gozo, paz, paciencia, benignidad, bondad, fe, mansedumbre ó templanza. Ya tienes todo lo necesario para vivir la vida abundante que Dios tiene diseñada para ti. Fuiste diseñado para vivir por medio de la vid, Jesús.

Este libro fue diseñado para ayudarte a crecer en esta nueva relación durante los primeros 30 días de tu vida como un creyente. Si ya eres un creyente, pero haz tomado un desvío espiritual de los propósitos de Dios para tu vida, este libro te ayudará a regresar al camino debido. Está diseñado para ayudarte a enfocarte en la prioridad de la vida Cristiana, Jesús. Así que no te preocupes.

El propósito de este libro es ayudarte a simplificar tu vida en vez de complicártela. En la vida Cristiana, menos es más.

## ¡Bienvenido a la vida Cristiana!

Para empezar, estos estudios están diseñados para ayudarte a contestar tres preguntas sencillas, pero profundas, en cuanto a la vida Cristiana:

### ¿Qué es la vida Cristiana?

### ¿Dónde está la vida Cristiana?

### ¿El por qué de la vida Cristiana?

# ¡Grandes Implicaciones!

Hay preguntas sencillas con tremendas implicaciones para tu gozo y tu habilidad de amar como Jesús amó. Las respuestas a estas preguntas mantendrán tu vida Cristiana sencilla ó complicada. ¡Sencillo es bueno!

Lo complicado es una carga que queremos ayudarte a evitar. El empezar tu nueva vida Cristiana bien implica empezar con Jesús y terminar con Jesús. ¡Él es la vida Cristiana!

Cada uno de estos estudios está diseñado para simplificar tu vida, no confundirla ó imponerle carga. Recuerde, en la vida Cristiana, "Sencillo es mejor y amor es la meta". Considera el esfuerzo que vas a darle a estos estudios como una inversión en gozo y amor.

¡Así es! Cuando tu estás lleno de gozo, serás más como Jesús y amarás a tus semejantes como Jesús nos ama. Cuando estás lleno de Su gozo, naturalmente amarás como Jesús nos amó. El gozo es bueno para nosotros y bueno para otros.

Estas cosas os he hablado, para que mi gozo esté en vosotros, y vuestro gozo sea cumplido. Este es mi mandamiento: Que os améis unos a otros, como yo os he amado. (Juan 15:11-12)

¿Puedes ver la conexión entre el gozo de Jesús, tu gozo, y tu habilidad de amar a otros? La conexión está presente y disponible para ti ahora mismo. Juntos veremos como esto puede ser tu realidad momento a momento. Imagina tu vida llena de Su gozo momento a momento. Imagina vivir una vida caracterizada por satisfacción completa y llena de abundancia.

Yo he venido para que tengan vida, y para que la tengan en abundancia. (Juan 10:10)

Imagina poder amar sin interrupciones. A través de estos estudios, deja que te ayudemos a gozar de Jesús y amar como Jesús amó a otros. ¡Tu gozo y tu amor es nuestra meta para la gloria de Dios!

# Juan 15:1-11

Yo soy la vid verdadera, y mi Padre es el labrador.
Todo pámpano que en mí no lleva fruto, lo quitará;
y todo aquel que lleva fruto, lo limpiará, para que lleve más fruto.
Ya vosotros estáis limpios por la palabra que os he hablado.
Permaneced en mí, y yo en vosotros. Como el pámpano no puede
llevar fruto por sí mismo, si no permanece en la vid, así tampoco
vosotros, si no permanecéis en mí. Yo soy la vid, vosotros los
pámpanos; el que permanece en mí, y yo en él, éste lleva mucho
fruto; porque separados de mí nada podéis hacer.
El que en mí no permanece, será echado fuera como pámpano,
y se secará; y los recogen, y los echan en el fuego, y arden.
Si permanecéis en mí, y mis palabras permanecen en vosotros,
pedid todo lo que queréis, y os será hecho. En esto es glorificado mi
Padre, en que llevéis mucho fruto, y seáis así mis discípulos. Como el
Padre me ha amado, así también yo os he amado; permaneced en
mi amor. Si guardareis mis mandamientos, permaneceréis en mi amor;
así como yo he guardado los mandamientos de mi Padre,
y permanezco en su amor. Estas cosas os he hablado,
para que mi gozo esté en vosotros, y vuestro gozo sea cumplido.

### Lea Juan 15:1-11 varias veces y anote algunas de sus observaciones en cuanto al papel que juega el labrador, la vid y los pámpanos (ramas.)

______________________________________________

______________________________________________

______________________________________________

______________________________________________

______________________________________________

______________________________________________

______________________________________________

______________________________________________

______________________________________________

______________________________________________

______________________________________________

______________________________________________

______________________________________________

______________________________________________

# Un Breve Repaso: ¿Cómo llego a ser un cristiano?

**Jesús le invita a conocerlo personalmente.** Jesús es un Salvador relacional. Él extiende una invitación personal para que lo conozca. Su deseo es que experimente su vida satisfactoria mientras permanece en su presencia. Pero no todo gira alrededor de usted. Jesús quiere que lo conozca y lo haga conocer.

Hay un propósito eterno para esta relación. No se trata de su felicidad personal o preferencias particulares. Hay un propósito divino trabajando en nuestras vidas para la gloria de Dios. Por lo tanto, Jesús quiere que su vida fluya a través de usted hacia los que le rodean. Antes de vivir para Jesús, primero debe conocerlo personalmente.

A lo largo de nuestro estudio, usaremos la palabra cristiano, discípulo y creyente de manera intercambiable para describir a alguien que tiene una relación personal con Jesús y está creciendo espiritualmente. Vamos a empezar. ¿Es usted cristiano? ¿Cómo lo sabe? Hay muchos conceptos erróneos acerca de cómo una persona se convierte en cristiana. Con tanta información disponible y accesible en nuestro mundo como nunca existió antes en la historia, no es de extrañar que alguien pueda confundirse o incluso equivocarse con lo que leyó o lo que otros le enseñaron.

Porque la paga del pecado es muerte, mas la dádiva de Dios es vida eterna en Cristo Jesús Señor nuestro. (Romanos 6:23, RVR1960)

Aquí hay algunos ejemplos de suposiciones muy sinceras, pero equivocadas, sobre la fe cristiana:

- "Soy cristiano si voy a la iglesia con regularidad."
- "Soy cristiano si ayudo a otros."
- "Soy cristiano si doy dinero a la iglesia o a los pobres."
- "Soy cristiano si leo la Biblia."
- "Si mis padres son cristianos, automáticamente me vuelvo cristiano."
- "Como creo en Dios, soy cristiano."
- "Soy cristiano porque soy una buena persona."

¿Cuáles fueron algunas de sus suposiciones erróneas? ¿Puede pensar en otras suposiciones erróneas utilizadas por amigos cercanos o familiares?

Como dicen las Escrituras: 'No hay ni un solo justo, ni siquiera uno.' (Romanos 3:10, NTV)

**La vida cristiana se trata de una relación creciente con Jesucristo.** Amar, conocer y servir a Jesús es de lo que se trata la vida cristiana. Jesús es la vida cristiana. Como Dios es relacional, la vida cristiana también es relacional. Cuando usted comienza una relación con Jesús, comienza una relación con el Padre. Debe aceptar a Jesús por fe para conocerlo verdaderamente.

La invitación de Dios es para todos en el mundo y para usted personalmente. Debemos reconocer que Dios es santo y justo. Él nos creó con amor, pero deliberadamente nos hemos rebelado y hemos pecado contra Él. Nuestro pecado nos separa eternamente de Dios, por lo tanto merecemos su completa ira y juicio a causa de nuestro pecado.

Cada invitación requiere una respuesta personal.

La buena noticia es que Jesucristo vino como nuestro sustituto, para recibir la pena por nuestro pecado. Jesús murió por nosotros Su muerte en la cruz satisfizo la ira de Dios y el pago por nuestros pecados.

Dios nos proporcionó un camino para reconciliarnos con Él a través de la muerte, sepultura y la resurrección de Jesús. Hoy, podemos conectarnos con Dios por gracia mediante la fe en Jesucristo. Ésta es la invitación de Dios para nosotros. ¿Cuál es nuestra respuesta? Debemos responder a lo que Dios ha hecho a través de Cristo por fe. Debemos confesar nuestros pecados, arrepentirnos y confiar en Jesús.

Si nunca ha aceptado su invitación, ¿está listo ahora para comenzar una relación vibrante con el Dios que lo ama y murió en una cruz para darle la vida eterna?

Entre los fariseos había un hombre que, entre los judíos, era muy importante. Se llamaba Nicodemo. Éste vino de noche a ver a Jesús, y le dijo: «Rabí, sabemos que has venido de parte de Dios como maestro, porque nadie podría hacer estas señales que tú haces si Dios no estuviera con él.» Jesús le respondió: «De cierto, de cierto te digo, que el que no nace de nuevo, no puede ver el reino de Dios.» Nicodemo le dijo: «¿Y cómo puede un hombre nacer, siendo ya viejo? ¿Acaso puede entrar en el vientre de su madre, y volver a nacer?» Jesús le respondió: «De cierto, de cierto te digo, que el que no nace de agua y del Espíritu, no puede entrar en el reino de Dios. Lo que nace de la carne, carne es; y lo que nace del Espíritu, espíritu es. (Juan 3:1 - 6, RVC)

Repasemos los pasos involucrados en llegar a ser un Cristiano. Esta es una buena herramienta para que la uses para compartir tu fe con otros. Aquí hay cuatro palabras claves para guiarte: Dios, pecado, Jesús y fe.

**Dios:** ¡Dios te ama! Reconoce que te ama así como eres, incondicionalmente. Su deseo es que tú le conozcas. Dios quiere que encuentres completa satisfacción espiritual empezando una relación viva con Su Hijo, Jesús.

Porque de tal manera amó Dios al mundo, que ha dado a su Hijo unigénito, para que todo aquel que en él cree, no se pierda, mas tenga vida eterna.
(Juan 3:16)

**Pecado:** Debes saber y admitir que tu PECADO te ha separado de Dios. Sabiendo ó sin saberlo, haz quebrantado uno de los 10 mandamientos de Dios, Su norma para la perfección. Ahora mismo, eres culpable ante Dios por tu pecado.

Por cuanto todos pecaron, y están destituidos de la gloria de Dios.
(Romanos 3:23)

Tu propia bondad y habilidad de ayudar a otros no puede resolver el problema de la separación. No hay NADA que puedas hacer para pagar la pena por tus pecados. La moralidad, la religión, la generosidad ó las buenas obras no pueden satisfacer las normas de la perfección de Dios.

Hay camino que al hombre le parece derecho;
Pero su fin es camino de muerte. (Proverbios 14:12)

Ahora bien, tener fe es estar seguro de lo que se espera;
es estar convencido de lo que no se ve. (Hebreos 11:1)

Porque la paga del pecado es muerte, pero la dádiva de Dios
es vida eterna en Cristo Jesús, nuestro Señor. (Romanos 6:23)

**Jesús:** Jesús murió en la cruz para pagar la pena por tus pecados. Él es la ÚNICA solución de Dios para el problema del pecado. Jesús murió en la cruz para conectarte con Dios. Fue enterrado y al tercer día, resucitó de la tumba.

Porque también Cristo padeció una sola vez por los pecados, el justo por los injustos, para llevarnos a Dios. (1 Pedro 3:18)

Jesús le dijo: Yo soy el camino, y la verdad, y la vida; nadie viene al Padre, sino por mí. (Juan 14:6)

**Fe:** Creyendo, confesando y recibiendo. Te conectas con Dios por medio de la FE, creyendo en la obra que fue completada por Jesús en la cruz y confesando tus pecados directamente a Él por medio de la oración. Lo recibes por invitación personal.

Mas a todos los que le recibieron, a los que creen en su nombre, les dio potestad de ser hechos hijos de Dios. (Juan 1:12)

Si confesamos nuestros pecados, él es fiel y justo para perdonar nuestros pecados, y limpiarnos de toda maldad. (1 Juan 1:9)

Que si confesares con tu boca que Jesús es el Señor, y creyeres en tu corazón que Dios le levantó de los muertos, serás salvo. (Romanos 10:9)

**Empezando la Vida Cristiana:** Empiezas la vida Cristiana por medio de una oración de fe. Aquí hay una oración, como muestra, que puedes repetir en voz alta al Señor...

*Señor, te agradezco por tu gran amor por mí. Hoy entiendo cuánto me amas. Sé que he pecado contra ti y he quebrantado tus mandamientos. En verdad estoy arrepentido. Te pido, Señor Jesús, que perdones todos mis pecados. Limpia mi corazón y haz que todo sea nuevo. Jesús, creo que moriste en la cruz para pagar por mis pecados. Creo que fuiste enterrado y que al tercer día, resucitaste de la tumba. Hoy te invito a mi corazón y te recibo como Señor y Salvador. Amén.*

# Vivir a través de su identidad en Cristo

## Usted es amado por Dios

Es muy importante para nosotros entender cómo Dios nos ve en este mismo momento en Cristo Jesús. En segundo lugar, es importante para nosotros vernos a nosotros mismos como Dios nos ve. La primera verdad profunda que debemos aceptar es la siguiente: somos amados por Dios; usted es amado por Dios (Efesios 1:4).

Dios le amó antes de que Él creara la tierra. Dios le ama con un amor perfecto. Su amor por usted está más allá de toda medida. Es eterno, abunda en misericordia y gracia, y es perfecto.

El amor de Dios nos sacó de las tinieblas a la luz por medio de Jesucristo. En Cristo, tenemos acceso directo al Padre. Nuestras conversaciones con Dios son personales y relacionales. Dios nos creó a su imagen, nos bendijo con cada bendición espiritual en Cristo y nos redimió de la penalidad de nuestros pecados.

> Antes, en todas estas cosas somos más que vencedores por medio de aquel que nos amó. Por lo cual estoy seguro de que ni la muerte, ni la vida, ni ángeles, ni principados, ni potestades, ni lo presente, ni lo por venir, ni lo alto, ni lo profundo, ni ninguna otra cosa creada nos podrá separar del amor de Dios, que es en Cristo Jesús Señor nuestro. (Romanos 8:37 - 39, RVR1960)

Dios promete nunca dejarnos. Él nos protege del mal, nos lleva a través de las dificultades y nos proporciona más gracia cuando lo necesitamos. Lea cada enunciado sobre nuestra identidad en Cristo en voz alta, comenzando con las frases:

**Yo soy o Estoy...**

Creado a la imagen de Dios (Gén. 1:27)
Amado por Dios (Juan 3:16)
Inseparable de Dios (Rom. 8:37-39)
Elegido por Dios (Efesios 1:4; 1 Pedro 2:9)
Sin mancha (Efesios 1:4)
Provisto por Dios (Filipenses 4:19)
Perdonado (Colosenses 1:13-14)
Completo en Jesús (Colosenses 2:10)

Conocido por Dios (Jer. 1:5)
El amigo de Cristo (Juan 15:15)
Uno con Cristo (Gálatas 2:20)
Santo (Efesios 1:4)
Redimido (Efesios 1:7)
Predestinado (Efesios 1:11)
Amado (Colosenses 3:12)

# Usted pertenece a la familia de Dios

Dios es relacional. Él siempre ha existido en una relación perfecta con Jesús y el Espíritu Santo. Dios designó a las personas para que obraran a través de las familias, para llegar a todos los grupos de personas y naciones de la tierra. Obrar a través de las relaciones familiares ha sido parte de Su plan desde el principio.

Dios nos escogió en él antes de la creación del mundo, para que seamos santos y sin mancha delante de él. En amor. (Efesios 1:4, NVI)

Dios le trajo a Su familia a través de Cristo Jesús. Usted es parte de una familia eterna, un cuerpo viviente de creyentes de todas las naciones, tribus y lenguas. Ser parte de la familia de Dios es un privilegio muy especial. Somos hijos e hijas del Rey de Reyes y Señor de señores, Jesús.

**Yo soy o Estoy...**

Por justicia, el hijo de Dios (Juan 1:12)
Parte del reino con Cristo (Romanos 5:17)
Comprado por Cristo (1 Corintios 6:20)
Parte del cuerpo de Cristo (1 Corintios 12:27)
Establecido por Dios (2 Corintios 1:21)
Un partícipe de su promesa (Efesios 3:6)
Una familia espiritual en Cristo (Gálatas 3:28)
La propiedad de Dios (Efesios 1:11)
Un miembro del cuerpo de Cristo (Efesios 3:6)
Un partícipe de la naturaleza divina (2 Pedro 1:4)
Elegido (Juan 15:16)
Un hijo de Dios (Rom. 8:16)

Pero Dios, que es rico en misericordia, por su gran amor por nosotros, nos dio vida con Cristo, aun cuando estábamos muertos en pecados. ¡Por gracia ustedes han sido salvados! (Efesios 2:4-5, NVI)

A saber, que los gentiles son coherederos y miembros del mismo cuerpo, participando igualmente de la promesa en Cristo Jesús mediante el evangelio. (Efesios 3:6, LBLA)

Sabemos que nuestro antiguo yo fue crucificado juntamente con él, para que el cuerpo del pecado sea destruido, a fin de que no sirvamos más al pecado. Porque el que ha muerto, ha sido liberado del pecado. Así que, si morimos con Cristo, creemos que también viviremos con él. (Romanos 6:6-8, RVC)

# Usted ha sido redimido por medio de Cristo

La redención espiritual tiene que ver con pagar una deuda en su totalidad. La deuda es sólo nuestra. Cuando Jesús murió en la cruz para pagar la penalidad de nuestros pecados, pagó nuestra deuda completamente con su propia sangre. Como resultado, somos hijos de Dios por gracia a través de la fe en Jesucristo. Su trabajo perfecto en la cruz fue la única forma de volvernos del pecado y la muerte al reino de Dios.

En Cristo, ahora tenemos paz con Dios, justificación, santificación, adopción como hijos y seguridad eterna. Hemos sido crucificados con Cristo. Nuestra vieja vida está muerta. Ahora vivimos para Jesús. Recuerde, aunque nuestra salvación es gratuita, fue extremadamente costosa.

**Yo soy o Estoy…**

Un santo (Romanos 1:7)
En paz con Dios (Romanos 5:1)
Salvado para siempre (Rom. 5:9-10)
Lavado y santificado (1 Cor. 6:11)
Redimido (Gálatas 3:13)
Salvado por la gracia (Efesios 2:4-5)
Traído cerca por la sangre de Cristo (Efesios 2:13)
Justificado (Romanos 3:24)
Reconciliado (Romanos 5:11)
Crucificado con Jesús (Rom. 6:6-8)
Capaz de ver (2 Corintios 3:14)
Vivo en Cristo (Efesios 2:4-5)

¿O no sabéis que vuestro cuerpo es templo del Espíritu Santo, que está en vosotros, el cual tenéis de Dios, y que no sois vuestros? Pues por precio habéis sido comprados; por tanto, glorificad a Dios en vuestro cuerpo y en vuestro espíritu, los cuales son de Dios. (1 Corintios 6:19 - 20, LBLA)

En él también vosotros, habiendo oído la palabra de verdad, el evangelio de vuestra salvación, y habiendo creído en él, fuisteis sellados con el Espíritu Santo de la promesa. (Efesios 1:13, RVR1995)

Ustedes no me eligieron a mí, yo los elegí a ustedes. Les encargué que vayan y produzcan frutos duraderos, así el Padre les dará todo lo que pidan en mi nombre. (Juan 15:16, NTV)

# Usted es santo; apartado y libre del pecado

Nuestra identidad está establecida en la santidad. Dios es santo. Él nos ordena buscar la santidad en todos los asuntos de la vida. Nuestra conducta es ser contracultural cuando la cultura sigue un camino no bíblico. Jesús nos da un nuevo patrón a seguir.

Cuando se trata de pecado, nuestras vidas deben ser impecables, intachables y sin un indicio de engaño. Somos libres del pecado y ya no somos esclavos de su dominio sobre nuestras vidas (Romanos 6:6-8). Ahora vivimos basados en nuestra identidad en Cristo Jesús. Somos esclavos de Cristo solamente.

En Cristo somos santos, separados por Dios y para los propósitos de Dios. Nuestros pensamientos, palabras, actitudes y acciones deben reflejar el estándar de Dios para la santidad. Tenemos que recordar quiénes somos y a quién pertenecemos.

Dios nos hace santos. Nosotros le pertenecemos. Estamos vivos para Dios y muertos para el pecado (Romanos 6:8-11). Hemos sido liberados del pecado, así que comencemos a vivir en la libertad de Cristo.

**Yo soy o Estoy...**

Libre en Cristo (Juan 8:36)
Muerto al pecado (Romanos 6:11)
Libre de muerte espiritual (Rom. 8:2)
Lavado y santificado (1 Cor. 6:11)
Liberado en Cristo (Gálatas 5:1)
El Templo de Dios (Romanos 8:11)
Libre del pecado (Romanos 6:6-8)
Vivo para Dios (Romanos 6:11)
Apartado (1 Corintios 1:2)
Un hijo de Dios (Gálatas 4:7)
Santo (1 Pedro 2:9)

Por tanto, no hay ninguna condenación para los que están unidos a Cristo Jesús, los que no andan conforme a la carne, sino conforme al Espíritu. (Romanos 8:1, RVC)

Pero en todas estas cosas somos más que vencedores por medio de aquel que nos amó. Porque estoy convencido de que ni la muerte, ni la vida, ni ángeles, ni principados, ni lo presente, ni lo por venir, ni los poderes, ni lo alto, ni lo profundo, ni ninguna otra cosa creada nos podrá separar del amor de Dios que es en Cristo Jesús Señor nuestro. (Romanos 8:37-39, LBLA)

# Usted está eternamente seguro en Cristo

Uno de los desafíos que muchos creyentes enfrentan es la doctrina de la seguridad eterna. En Cristo estamos seguros para siempre (Romanos 8:31-39). Siempre perteneceremos al Señor nuestro Dios. El Espíritu Santo garantiza nuestra salvación. Él nos selló con Cristo y nos resucitó con Cristo.

Ya no tenemos que preocuparnos por la condena. No hay condenación para aquellos que están en Cristo Jesús (Romanos 8:1). Cuando pecamos podemos buscar la misericordia de Dios. No tenemos que preguntarnos si Dios nos perdonará. Podemos saberlo con total certeza (1 Juan 1:9-10).

Como ciudadanos del cielo, Dios está preparando un lugar para nosotros. Ya estamos sellados en el cielo con Cristo. Nosotros ya reinamos con Cristo. Estamos unidos en Cristo. Y no lo olvidemos, estamos unidos para siempre con Cristo.

La inseguridad espiritual viene cuando nuestro pensamiento o nuestras emociones no se alinean con lo que dice la Biblia sobre nuestro presente o nuestro futuro. Podemos descansar en la Palabra de Dios. Dios nos acepta sobre la base de su gran amor y gracia.

**Yo soy o Estoy...**

Libre de condenación (Romanos 8:1)
Libre de muerte (Romanos 8:2)
Un heredero junto con Cristo (Rom. 8:17)
Aceptable para Dios (Romanos 14:18)
Unido con Cristo (1 Corintios 6:17)
Resucitado con Cristo (Colosenses 3:1)
Vestido de Cristo (Gálatas 3:27)
Sentado en el Cielo con Cristo (Efesios 2:6)
Escondido con Cristo en Dios (Colosenses 3:3)

Libre de pecado (Romanos 8:2)
Uno en Cristo (Juan 17:20-21)
Seguro (Romanos 8:31-39)
Aceptado por Cristo (Rom 15:7)
Un espíritu con Cristo (1 Cor. 6:17)
Sellado con Cristo (Efesios 1:13)
Ciudadano del Cielo (Fil. 3:20)

Toda la alabanza sea para Dios, el Padre de nuestro Señor Jesucristo, quien nos ha bendecido con toda clase de bendiciones espirituales en los lugares celestiales, porque estamos unidos a Cristo. (Efesios 1:3, NVI)

Pues él nos rescató del reino de la oscuridad y nos trasladó al reino de su Hijo amado, quien compró nuestra libertad y perdonó nuestros pecados. (Colosenses 1:13-14, NTV)

# Usted está completo en Cristo

Nuestra suficiencia proviene de Dios y sólo de Dios. Si tenemos a Jesús, tenemos suficiente, más que suficiente. Uno de los errores que cometen los creyentes es buscar experiencias en lugar de buscar a Jesús. Buscan desarrollar idiomas incomprensibles, encuentros espirituales extraños y otras experiencias para "completarlos" de alguna manera. Y para aquellos que supuestamente "encontraron" estas experiencias, gastan gran parte de su energía tratando de convencer a otros creyentes de lo que se están perdiendo.

Estamos completos en Cristo y sólo en Cristo.

Esta triste realidad es muy común en estos días. La Palabra de Dios es perfecta en todos los sentidos. Debemos medir cada voz, espíritu y experiencia a través de la Santa Palabra de Dios. Y para nuestra estabilidad espiritual, dejemos de buscar más. Tenemos a Cristo y Cristo es suficiente.

Hemos sido sumergidos en Cristo en la salvación (Gálatas 3:27). Tenemos la plenitud de Cristo viviendo dentro de nosotros. Estamos completos en Cristo y sólo en Cristo. No necesitamos otra persona o compra para completarnos. Estamos completos en Cristo.

**Yo soy o Estoy...**

Resucitado (Romanos 6:9-11)
Triunfante en Cristo (2 Corintios 2:14)
Bautizado en Cristo (Gálatas 3:27)
Completo en Cristo (Colosenses 2:10)
Bendecido con toda bendición espiritual (Efesios 1:13)
Un conquistador (Romanos 8:37)
Una Nueva Creación (2 Cor. 5:17)
Justo (Efesios 4:24)

Sin embargo, gracias a Dios que en Cristo siempre nos lleva triunfantes y, por medio de nosotros, esparce por todas partes la fragancia de su conocimiento.
(2 Corintios 2:14, NVI)

Pero gracias a Dios, que en Cristo siempre nos lleva en triunfo, y que por medio de nosotros manifiesta en todo lugar la fragancia de su conocimiento.
(2 Corintios 2:14, LBLA)

## Usted tiene un nuevo propósito

Parte de entender nuestra nueva identidad en Cristo Jesús significa tener una imagen mucho más clara de nuestro propósito en la vida. Tenemos un propósito futuro y un propósito presente para vivir. Ya no somos prisioneros de nuestro pasado. El pasado es pasado y el futuro está por delante de nosotros. ¡En Cristo, tenemos un futuro y una esperanza viva! La palabra de Dios nos proporciona todo lo necesario para vivir una vida cristiana vibrante. Nuestro futuro ha sido asegurado por el amor inmutable de Dios (Romanos 8:37-39).

Nos recuerda nuestro propósito en el Evangelio de Juan cuando el Señor Jesús le pidió a Simón Pedro que alimentara a sus ovejas dos veces en la conversación:

"Le dijo por tercera vez: Simón, hijo de Juan, ¿me quieres? Pedro se entristeció porque la tercera vez le dijo: ¿Me quieres?Y le respondió: Señor, tú lo sabes todo; tú sabes que te quiero. Jesús le dijo: Apacienta mis ovejas. En verdad, en verdad te digo: cuando eras más joven te vestías y andabas por donde querías; pero cuando seas viejo extenderás las manos y otro te vestirá, y te llevará adonde no quieras." (Juan 21: 17,18, LBLA)

Nuestro nuevo propósito implica equipar al pueblo de Dios para obras de servicio. Hacemos ésto con cada destreza, don, talento, habilidad y experiencia que tenemos. Hacemos ésto para avanzar en el reino de Dios. Hacemos ésto para hacer discípulos y multiplicar la obra de Dios. Hacemos estas cosas por lo que somos, hijos e hijas del Señor. Nuestra identidad en Cristo nos obliga a equipar a otros para Cristo. Ésta es nuestra responsabilidad; éste es nuestro llamado divino.

**Yo soy o Estoy...**

Sal y Luz (Mateo 5:13)
Elegido para dar fruto (Juan 15:16)
La justicia de Dios (2 Corintios 5:21)
Una Rama de la Vid (Juan 15:1-8)
Instrumento de Cristo (Rom. 15:18)
Una obra de Dios (Efesios 2:10)

No me escogieron ustedes a mí, sino que yo los escogí a ustedes y los comisioné para que vayan y den fruto, un fruto que perdure. Así el Padre les dará todo lo que le pidan en mi nombre. (Juan 15:16, NVI)

Porque somos hechura suya, creados en Cristo Jesús para hacer buenas obras, las cuales Dios preparó de antemano para que anduviéramos en ellas. (Efesios 2:10, LBLA)

# Usted tiene una nueva misión

Después de que el Espíritu de Dios obró a través de sus prejuicios personales, el Apóstol Pedro concluyó:

"Entonces Pedro empezó a hablar, y dijo: «En verdad comprendo ahora que Dios no hace acepción de personas, sino que a él le agrada todo aquel que le teme y hace justicia, sea de la nación que sea.. . .todos los que crean en su nombre recibirán el perdón de sus pecados" (Hechos 10:34-35, 43).

Aquí es donde entendemos el valor infinito que Dios pone en todos los pueblos, en todas las naciones, lenguas y tribus. Dios es un Dios global. Su visión y misión es llegar a todo el mundo. Como con muchos, nuestra identidad ha cambiado desde una perspectiva local a un enfoque global.

**Yo soy o Estoy...**

Creado para buenas obras (Efesios 2:10) Valiente (Efesios 3:12)
Un sacerdote real (1 Pedro 2:9) Luz (Efesios 5:8)
Seguro en Dios y tengo acceso a Dios (Efesios 3:12)
Llamado a declarar alabanzas de Dios (1 Pedro 2:9)

**Además de ésto, tengo:**

Satisfacción completa en Cristo
El Espíritu Santo
La vida en Dios
La Mente de Cristo
Las promesas de Dios
Acceso directo al Padre
Seguridad Eterna en Cristo Jesús
Un propósito eterno
Una vida perfecta para mí
Una vida perfecta en mí

Así que somos embajadores en nombre de Cristo, y como si Dios les rogara a ustedes por medio de nosotros, en nombre de Cristo les rogamos: «Reconcíliense con Dios». Al que no cometió ningún pecado, por nosotros Dios lo hizo pecado, para que en él nosotros fuéramos hechos justicia de Dios. (2 Corintios 5:2021, RVC)

Gracias a Cristo y a nuestra fe en él, podemos entrar en la presencia de Dios con toda libertad y confianza. (Efesios 3:12, NTV)

Volvió la voz a él la segunda vez:—Lo que Dios limpió, no lo llames tú común. Esto ocurrió tres veces; y aquel lienzo volvió a ser recogido en el cielo. (Hechos 10:15-16, RVR1995)

## Versículos para Memorizar

Escribe los siguientes versículos de memoria en una tarjeta. Toma 10 minutos cada día y repasa los versículos en voz alta. Estos versículos te animarán y te darán las herramientas necesarias para compartir la obra de Dios en tu vida con otra persona.

Y todo aquel que lleva fruto, lo limpiará, para que lleve más fruto. (Juan 15:2)

Yo soy la vid, vosotros los pámpanos; el que permanece en mí, y yo en él, éste lleva mucho fruto; porque separados de mí nada podéis hacer. (Juan 15:5)

Con Cristo estoy juntamente crucificado, y ya no vivo yo, mas vive Cristo en mí; y lo que ahora vivo en la carne, lo vivo en la fe del Hijo de Dios, el cual me amó y se entregó a sí mismo por mí. (Gálatas 2:20)

Porque de tal manera amó Dios al mundo, que ha dado a su Hijo unigénito, para que todo aquel que en él cree, no se pierda, mas tenga vida eterna. (Juan 3:16)

Por cuanto todos pecaron, y están destituidos de la gloria de Dios. (Romanos 3:23)

Porque también Cristo padeció una sola vez por los pecados, el justo por los injustos, para llevarnos a Dios. (1 Pedro 3:18)

Jesús le dijo: Yo soy el camino, y la verdad, y la vida; nadie viene al Padre, sino por mí. (Juan 14:6)

Yo he venido para que tengan vida, y para que la tengan en abundancia. (Juan 10:10)

Si confesamos nuestros pecados, él es fiel y justo para perdonar nuestros pecados, y limpiarnos de toda maldad. (1 Juan 1:9)

Que si confesares con tu boca que Jesús es el Señor, y creyeres en tu corazón que Dios le levantó de los muertos, serás salvo. (Romanos 10:9)

## Términos para Entender:

**Recibir:** Escuchando activamente y extrayendo lo necesario para vivr la vida Cristiana de la fuente de vida, Jesús. Él es la vid y tu eres Su preciosa rama (ó pámpano.)

**Regocijar:** Reflejando la bondad de Dios, el Labrador, y considerando cómo Sus instrucciones pueden fluir por medio de cada área de tu vida.

**Repartir:** Tomando lo que haz recibido de la vid y entregando intencionalmente este fruto a los que más lo necesitan. Tu fuiste diseñado para repartir.

# Día #1 - Una Nueva Fuente de Satisfacción

Yo soy la vid verdadera. (Juan 15:1)

Los nuevos productos pueden ser a la vez emocionantes y peligrosos. A menudo representan las últimas novedades en el mercado. Puede tratarse de un nuevo programa de software, una gran herramienta o el último juguete personal. A veces, estos productos pueden reemplazar lo que se ha utilizado durante años. Ellos tienen un enorme potencial de alterar la forma de pensar e incluso nuestra forma de vida, para mejorar o empeorar.

Dios extiende satisfacción espiritual y vida eterna, exclusivamente por medio de Su Hijo, Jesús.

Dios es la fuente de toda sabiduría y satisfacción espiritual (Juan 15:1). Empezando con Abraham, Dios sembró a la nación de Israel como una vid con el propósito de hacer que el mundo le conozca y ser visible al mundo entero. Su deseo fue de conectar a todos los pueblos consigo mismo por medio de la nación de Israel. Israel falló repetidas veces como nación, al desobedecer la Palabra de Dios y producir fruto malo. Dios les dijo:

Yo te planté de una vid escogida, de simiente de pura cepa. ¿Cómo es que me resultaste un sarmiento de vid extraña? (Jeremías 2:21)

El corazón de Dios no ha cambiado. Aún desea conectar consigo mismo a las personas de todos los grupos étnicos. Dios ama al mundo entero. Dios le ama a usted. Él quiere producir algo especial, algo con un impacto eterno a través de su vida. Pero hoy, Dios extiende satisfacción espiritual y vida eterna exclusivamente por medio de Su Hijo, Jesús. Jesús, la Vid verdadera, nos conecta con Dios. Jesús es la fuente. Él dijo:

Yo soy el camino, y la verdad, y la vida; nadie viene al Padre, sino por mí. (Juan 14:6)

Jesús es la vida eterna. Él es la Vid viviente. Antes que usted tomara su primer aliento, Jesús estuvo íntimamente involucrado en la creación y el cumplimiento del plan de Dios para su vida (Juan 1:1-4). Usted ha sido conectado a la Vida para repartir vida.

Tú haz sido conectado a la Vida para repartir vida.

Usted ha sido conectado a la Vid para repartir un fluir continuo de amor para otros. Como la Vid verdadera, Jesús le conecta con el Padre, el Labrador, y provee lo que es necesario para que Dios sea conocido y visto claramente entre aquellos que aún no le conocen. Jesús es la verdadera Vid y usted es Su rama. El recibir el constante fluir de la nutrición que proviene de la Vid es su prioridad máxima. No hay nada más importante para una rama que eso.

EL recibir el consistente fluir del alimento espiritual que proviene de la vid es tu prioridad máxima.

Yo soy la vid y ustedes los pámpanos; el que permanece en mí, y yo en él, éste lleva mucho fruto; porque separados de mí ustedes nada pueden hacer. (Juan 15:5)

**Recibir:** Abra su Biblia y lea Juan 15:1-27. Ahora mismo, toma 10 minutos para agradecerle a Dios en oración por ser tu nueva fuente de satisfacción espiritual. Pídele que te muestre como mantenerte enfocado en Jesús. Ora todos los días y empieza a aprender Juan 15:5 de memoria.

**Regocijar:** Considere lo siguiente: ¿Soy una buena rama o lucho para ser la vid? ¿Permito que Jesús sea mi fuente de satisfacción?

**Repartir:** En oración, pregúntese, "Señor, ¿qué debo cambiar a la luz de estas verdades? ¿Cuáles pasos debo tomar?" ¿Con quién puedes compartir esto hoy?

# Día #2 - El Cuidado del Labrador

Yo soy la vid verdadera, y mi Padre es el labrador. (Juan 15:1)

Los abuelos tienen una conexión muy especial con sus nietos. La forma en que se acercan a sus nietos se puede describir con tres palabras simples: amor, cuidado y protección. Estas cualidades son muy visibles y regularmente experimentadas por sus nietos. Esta relación es una parte importante de la vida del nieto. Sirve para ayudarle a madurar en muchas áreas de la vida. Trae confianza personal y un buen ejemplo para seguir.

Como labrador, Él está íntimamente consciente
de cada detalle de tu vida.

La metáfora de Juan 15:1-11 le ayudará a entender cómo la vida cristiana debe funcionar. El plan de Dios no es complicado; es sencillo, muy sencillo. Como Labrador, Él está íntimamente consciente de cada detalle de su vida. Dios le ama incondicionalmente y el plan que tiene para su vida es bueno. Dios es Aquel que protege, maneja y cuida de la viña. Por esa razón, Él quiere producir la demostración visible de Su amor por medio de su vida, mientras recibe nutrición espiritual de la Vid.

El Labrador se asegurará de que toda la nutrición fluya de la Vid a los pámpanos. Como Su rama, asegúrese que usted está listo para recibir esta nutrición divina.

Dios es Aquel que protege, maneja y cuida de la viña.

Dios sabe exactamente lo que se necesita para que la viña pueda prosperar y producir fruto saludable. Él tiene un plan perfecto, listo para fluir por medio de su vida. Él entiende cuales condiciones producen más fruto. A la vez, Dios conoce como cultivar el ambiente debido para que su vida florezca y produzca fruto de alta calidad.

El plan de Dios para su vida producirá mucho fruto. Deje que Él cuide de usted y le muestre el camino. Dios es muy bueno en hacer esto. Sus planes lo llevan a experimentar más de Su gracia, más de Su amor, más de Su misericordia y más de Su gozo.

Él tiene un plan perfecto, listo para fluir por medio de su vida.

Él ya simplificó el proceso para su crecimiento espiritual. ¡No se altere! Recuerde, su nueva fuente de satisfacción no se encuentra en un programa, una experiencia, algo que hayas logrado o en alguna posesión material. Su nueva fuente de satisfacción se encuentra en una persona, Cristo Jesús. Él es la Fuente de vida.

Dele las gracias a Dios por la obra que Él ha comenzado y el fruto que se producirá a través de su vida. Se necesita tiempo para llegar a conocer al Labrador. Dios le ama. Él realmente se preocupa por su vida. Él le protegerá y le ayudará a madurar en su fe.

Dios sabe exactamente lo que se necesita para que la viña pueda prosperar y producir fruto saludable.

**Recibir:** Abra su Biblia y lea Juan 15:1-11. Pasa la mayoría de tu tiempo a solas con Dios agradeciéndole por Su gran poder, su protección y el cuidado de tu vida.

**Regocijar:** Dale gracias por la obra que ha empezado y el fruto que producirá a través tuyo. Empieza a leer un capítulo al día del Evangelio de Juan. Considere lo siguiente: ¿Cuándo fue la última vez que di gracias a Dios por Su poder, Su protección y Su cuidado de mí?

**Repartir:** En oración, pregúntese, "Señor, ¿qué debo cambiar a la luz de estas verdades? ¿Cuáles pasos debo tomar?" ¿Con quién puedes compartir esto hoy?

# Día #3 - De adentro Hacia Afuera

Si alguno tiene sed, venga a mí y beba. El que cree en mí, como dice la Escritura, de su interior correrán ríos de agua viva. (Juan 7:37-38)

Los pozos buenos proporcionan una fuente ilimitada de agua. En la antigüedad, los pozos también sirvieron como puntos de referencia sociales. Hubo ciertos momentos del día en que la gente se reunía, hablaba y sacaba agua del pozo. Dado que el agua era una necesidad diaria, las relaciones se iniciaron y se desarrollaron alrededor del pozo.

Toda tu satisfacción espiritual está viviendo dentro de ti, para siempre.

¡Su búsqueda terminó! Como creyente, toda su satisfacción espiritual está viviendo dentro de usted—para siempre. Jesucristo, la Vid Verdadera, es el único que puede satisfacer su sed espiritual. Ahora puede descansar. Por fin su espíritu encontró lo que ha estado buscando. Cristo Jesús, el Dios eterno, ahora mora en usted.

En Cristo, su vida es un conducto de vida.

El Espíritu de Dios está listo para fluir a través de su vida como un río poderoso. Mientras más recibe, más puede fluir el poder de Dios. Su vida está diseñada para fluir de adentro hacia afuera. En Cristo, su vida es un conducto de vida. Por esta razón, debe permitir que Su vida fluya libremente en su vida para traer vida a otros.

Tu vida está diseñada para fluir de adentro hacia afuera.

Reconozca que usted ya no es el que está viviendo. Su "viejo ser" fue crucificado con Cristo. El "viejo ser" ha desaparecido y el "nuevo ser" en Cristo Jesús está aquí para quedarse. Él ahora vive dentro de usted y obra por medio de su vida para repartir vida a otros. El Apóstol Pablo escribió:

Con Cristo estoy juntamente crucificado, y ya no vivo yo, mas vive Cristo en mí; y lo que ahora vivo en la carne, lo vivo en la fe del Hijo de Dios, el cual me amó y se entregó a sí mismo por mí. (Gálatas 2:20)

Jesucristo pagó por su pecado con su propia sangre al morir en la cruz. Su vida no le pertenece más. En Cristo Jesús, usted es la propiedad de Dios, Su propio tesoro especial. Usted pertenece al Dios vivo. Mientras aprende a recibir el fluir constante de la nutrición espiritual de la Vid, su vida será caracterizada por fe—alguien que confía en el Labrador en cada situación.

No puede recibir de la Vid o complacer al Labrador sin fe. Su fe es una demostración visible de su amor para con Dios. Su fe se revela a través de sus obras de servicio a Dios, Su iglesia y a otros. Conforme Dios le cambie desde adentro hacia afuera, su fe y sus buenas obras crecerán.

Su fe se revela a través de sus obras de servicio a Dios,
Su iglesia y a otros.

**Recibir:** Abra su Biblia y lea Hebreos 11:6. Sigue memorizando Juan 15:5 y añade Gálatas 2:20 a tu lista.

**Regocijar:** Considere lo siguiente: ¿Estoy permitiéndole a Dios que me cambie desde adentro hacia afuera para servir a los demás?

**Repartir:** ¿Cuáles actitudes ó comportamientos ha cambiado Dios en tu vida? En oración, pregúntese, "Señor, ¿qué debo cambiar a la luz de estas verdades? ¿Cuáles pasos debo tomar?"

# Día #4 - Una Conexión Falsa

Todo pámpano que en mí no lleva fruto, lo quitará. (Juan 15:2)

Los electricistas conocen la importancia de establecer buenas comunicaciones al unir juntos los cables eléctricos. También saben los peligros potenciales cuando los trabajadores inexpertos trabajan con estas conexiones. Los cortocircuitos, fuegos e incluso explosiones pueden resultar cuando se hacen conexiones defectuosas, peligrosas y no corregidas. Un buen electricista hará las conexiones correctas.

Su propósito como una rama es de producir fruto—hacer que Dios sea visible a otros, permitiendo que las cualidades de Dios puedan fluir continuamente por medio de su vida.

No todo pámpano (rama) está conectado debidamente. Sólo porque alguien dice que es una rama no significa que automáticamente lo es. Algunos están conectados a la Vid y otros no. Por fuera, puede ser que las ramas parezcan ser o aún se sientan como si fueran ramas saludables. A menos que uno sea un labrador, es posible que ni detecte la diferencia.

No toda rama está conectada debidamente.

De la misma manera, algunas personas que se llaman cristianos están conectadas debidamente a la Vid y otras no. Aquellas que no lo están pueden decir las cosas debidas, asistir frecuentemente a los cultos de la Iglesia e inclusive servir como voluntarios. Y uno no notaría la diferencia tampoco, por lo menos no al principio.

Cada rama que está conectada a la Vid producirá fruto.

El libro de primera de Juan nos dice claramente que uno puede identificar a un verdadero creyente por el fruto en su vida. Su propósito como una rama es de producir fruto—hacer que Dios sea visible a otros, permitiendo que las cualidades de Dios puedan fluir continuamente por medio de su vida. Juan explica:

Dios es luz, y no hay ningunas tinieblas en él. Si decimos que tenemos comunión con él, y andamos en tinieblas, mentimos, y no practicamos la verdad; pero si andamos en luz, como él está en luz, tenemos comunión unos con otros, y la sangre de Jesucristo su Hijo nos limpia de todo pecado. (1 John 1:57)

Alguien que dice ser un cristiano, un seguidor de Jesús, pero que en verdad no produce fruto, no es un verdadero creyente. Cada rama que está conectada a la Vid producirá fruto. Cada cristiano produce fruto, aunque la cantidad sea relativamente pequeña. Cuando está conectado a la Vid debidamente su vida cambiará y, al producir fruto, hará que la presencia de Dios sea visible en un mundo que perece.

Dios le creó para producir buen fruto espiritual. Evite las conexiones peligrosas. Él le diseñó para vivir en la luz. Cada cristiano está correctamente conectado a Cristo.

Cuídense de los falsos profetas, que vienen a ustedes disfrazados de ovejas, pero por dentro son lobos rapaces. Ustedes los conocerán por sus frutos, pues no se recogen uvas de los espinos, ni higos de los abrojos. Del mismo modo, todo buen árbol da buenos frutos, pero el árbol malo da frutos malos. El buen árbol no puede dar frutos malos, ni el árbol malo dar frutos buenos. Todo árbol que no da buen fruto, es cortado y echado en el fuego. Así que ustedes los conocerán por sus frutos. (Mateo 7:1520)

**Recibir:** Abra su Biblia y lea Mateo 7:15-20. Empieza a memorizar Juan 3:16 y Romanos 3:23. Lee 1ra Juan 1:5-7 varias veces y pasa tiempo en oración, pidiéndole a Dios que te ayude a andar en la luz. Empieza a orar cada día de 10-20 minutos. Sigue leyendo a través del Evangelio de Juan y comparte lo que haz aprendido con otros.

**Regocijar:** Considere lo siguiente: ¿Estoy bien conectado con Jesucristo? ¿Estoy reflejando más la luz de Cristo que las tinieblas?

**Repartir:** En oración, pregúntese, "Señor, ¿qué debo cambiar a la luz de estas verdades? ¿Cuáles pasos debo tomar?" ¿Con quién puedes compartir esto hoy?

# Día #5 - Mantente Enfocado

Cuídense de los falsos profetas, que vienen a ustedes disfrazados de ovejas, pero por dentro son lobos rapaces. Ustedes los conocerán por sus frutos, pues no se recogen uvas de los espinos, ni higos de los abrojos. Del mismo modo, todo buen árbol da buenos frutos, pero el árbol malo da frutos malos. El buen árbol no puede dar frutos malos, ni el árbol malo dar frutos buenos. Todo árbol que no da buen fruto, es cortado y echado en el fuego. Así que ustedes los conocerán por sus frutos. (Mateo 7:15 - 20)

Su teléfono celular suena, justo antes de comenzar a escribir el último párrafo de su carta. Aprieta el botón de ignorarlo y continúa escribiendo. Poco después, el ruidoso helicóptero de un noticiero decide volar sobre su casa para obtener una buena vista del tráfico de su ciudad. A continuación, su vecino golpea agresivamente su puerta principal para quejarse de sus perros. ¿Cómo puede terminar con tantas distracciones?

Como una rama, tu responsabilidad principal es la de quedarte enfocado en la vid.

En la vida cristiana hay muchas distracciones. Estas distracciones demandan nuestra atención. Como una rama, su responsabilidad principal es quedarse enfocada en la Vid. Cada día, actividades, personas y situaciones luchan por desplazar su atención de lo interior a lo exterior, de lo eterno a lo temporal y de Aquel que en verdad satisface a aquellos que nunca pueden satisfacerle. No se desanime por la actividad de otras ramas. No puede controlar lo que otras ramas hacen o no hacen.

No deje que el comportamiento o la condición de otra rama quite su enfoque de la Vid. Mantenga su atención completa en Jesús. Mientras más se enfoca en la Vid, más visibles serán los atributos de Dios.

Mientras más te enfocas en la vid, más visibles serán los atributos de Dios ante los demás.

Mientras permite intencionalmente que las cualidades de Dios fluyan a través de su vida, Él producirá vida por medio de su vida. Lo bueno de esto es que usted no tiene que producir nada. Es verdad, nada. Dios es el que produce todo fruto espiritual. Pero tiene que mantenerse enfocado en la Vid, para que Su vida pueda fluir sin interrupción por medio de usted.

Mientras permites, intencionalmente, que las cualidades de Dios fluyan a través de ti, Él producirá vida por medio de tu vida.

Como rama, ¡su papel es sencillamente descansar y recibir de la Vid! Jesús es la Vid, su fuente diaria de nutrición espiritual. No busque nutrición en otras ramas. Ellas no se la pueden suplir. No busque nutrición en otras actividades. No la encontrará. Quédese enfocado en la Vid.

**Recibir:** Abra su Biblia y lea Mateo 7:15-20. Sigue memorizando Juan 15:5 y Gálatas 2:20.

**Regocijar:** Dale gracias a Dios por ser tu fuente de satisfacción espiritual. Pídele que te ayude a remover las distracciones y quédate enfocado en Jesús. Habla con el Padre de 10-20 minutos. Considere lo siguiente: ¿Estoy permitiendo que las cosas temporales de esta vida me distraigan de lo eterno?

**Repartir:** En oración, pregúntese, "Señor, ¿qué debo cambiar a la luz de estas verdades? ¿Cuáles pasos debo tomar?" ¿Con quién puedes compartir esto hoy?

# Pensamientos que Permanecen

Jesús es la perfección de Dios para nosotros y en nosotros.

Dios demanda una vida perfecta. Esa vida perfecta es Jesús.
Esa vida perfecta está en mí ahora mismo.

La diferencia entre Jesús y yo es sencilla.
Él estaba 100% satisfecho en Dios las 24 horas al día
los siete días de la semana, y yo no.

Estando seguro cada día de lo que soy en Cristo me motiva a vivir
como Cristo lo espera de mi.

Vivir para Dios es entrar en el fluir de las intenciones de Dios
las cuales nunca cambian.

Yo tengo que recibir, regocijar y repartir.

La Fuente de todas las fuentes quiere fluir a través de mí.

Lo más importante que puedo hacer para empezar cada día
es ser un gran recibidor.

Permanecer es gozar de una relación sin barreras con la Vid - Jesús -
y repartir lo que la Vid quiere darle a otros a través de mí.

# Día #6 - Conectados con un Propósito

Y todo aquel que lleva fruto... (Juan 15:2)

Cuando los niños crecen, a menudo dicen, "No puedo esperar hasta ser más grande." Esto puede significar alcanzar una altura en particular, un peso determinado o una edad más avanzada. Quieren desarrollarse más rápido que el curso normal de la vida se los permite. Ellos creen que si llegan más rápido, todo estará bien y la vida será perfecta. Quieren mayores retos y problemas más complejos para resolver.

La vida de una rama es muy sencilla. Su propósito como rama es dar fruto—hacer que Dios sea visible a otros, dejando que las cualidades de Dios fluyan continuamente por medio de su vida. Esto es su propósito singular. Es la misión más importante de su vida. Las conexiones son importantes, muy importantes. Teniendo la conexión debida con la Vid es absolutamente necesaria en la producción de fruto espiritual. Produzca mucho fruto.

Como rama, tu propósito es dar fruto,
haciendo que Dios sea visible a otros.

La presencia del Labrador es poderosa. El fluir continuo del fruto espiritual magnifica la presencia de Dios en este mundo y trae transformación en las vidas de aquellos que están conectados a las cosas erradas. La presencia visible de Dios es el catalizador para eliminar el dolor de este mundo. Como rama, su función es permitir que Su presencia fluya a través de su vida, sin obstáculos ni restricciones.

Teniendo la conexión debida con la Vid es absolutamente necesaria en la producción de fruto espiritual. Produzca mucho fruto.

Su madurez espiritual es un proceso progresivo, y no está basado en un solo evento. El crecimiento espiritual se realiza mientras permanece conectado, sin interrupción, a la Vid y por medio del repartir el fruto a otros que lo necesitan. En la vida cristiana, su madurez depende más de su consistencia en recibir de la Vid, regocijarse en Sus instrucciones y el repartir el fruto espiritual, que de un solo evento.

Tu madurez espiritual es un proceso progresivo,
y no esta basado en un solo evento.

La demostración visible del amor de Dios, el fruto visible, no es algo que usted debe producir, sino uno que recibe, se regocija y reparte. Como una rama, ese es su papel. Tal vez se pregunte: "¿A qué se parece el fruto?" O tal vez piense: "¿Cómo sé si estoy produciendo el fruto debido?" ¡Buena pregunta! Aquí hay una muestra del fruto que se supone que debemos producir continuamente para repartir a otros a diario:

> **Mas el fruto del Espíritu es amor, gozo, paz, paciencia, benignidad, bondad, fe, mansedumbre, templanza. (Gálatas 5:22 - 23)**

**Recibir:** Abra su Biblia y lea Hebreos 12:3. Pasa tiempo en oración, pidiéndole al Señor que te ayude a entender tu propósito como una rama: recibir, regocijar y repartir. Dale gracias a Él por darle a tu vida propósito. Sigue estudiando y memorizando Juan 3:16 y Romanos 3:23. Sigue leyendo un capítulo al día del Evangelio de Juan.

**Regocijar:** Considere lo siguiente: ¿Estoy permitiendo que el desaliento me impida cumplir con el propósito que Dios tiene para mí?

**Repartir:** En oración, pregúntese, "Señor, ¿qué debo cambiar a la luz de estas verdades? ¿Cuáles pasos debo tomar?" ¿Con quién puedes compartir esto hoy?

# Día #7 - Él Sabe

Y todo aquel que lleva fruto, lo limpiará. (Juan 15:2)

La atención a los detalles es una característica de un buen líder. Esto no significa que el líder tiene que estar involucrado en todos los detalles. El líder mantiene el panorama completo en mente. Él depende de otros para trabajar a través de estos elementos e informar sus resultados. A medida que entiende en qué dirección ellos van, puede tomar decisiones basadas en su visión y los objetivos establecidos.

Aunque Dios es Todopoderoso y sabe todo,
Él está íntimamente involucrado en cada aspecto de tu vida.

La sabiduría del Labrador le permite cuidar de la viña en una manera más allá de nuestra capacidad de entender. Aunque Dios es Todopoderoso y lo sabe todo, Él está íntimamente involucrado en cada aspecto y paso de su vida.

La sabiduría del Labrador le permite cuidar del jardín de una manera que está más allá de nuestra capacidad de entender. Aunque Dios es Todopoderoso y omnisciente, Él está íntimamente involucrado en cada área de su vida. Dios no solamente está completamente consciente de su situación, también está íntimamente involucrado con cada paso que da. Dios está enterado de cada detalle de su vida. David escribió,

Oh Jehová, tú me has examinado y conocido. Tú has conocido mi sentarme y mi levantarme; Has entendido desde lejos mis pensamientos. Has escudriñado mi andar y mi reposo, Y todos mis caminos te son conocidos. Pues aún no está la palabra en mi lengua, Y he aquí, oh Jehová, tú la sabes toda. (Salmo 139:1-4)

Él nos conoce íntimamente, vela por nosotros y está involucrado intencionalmente en cada detalle de nuestras vidas. No importa cuán difícil se pone la vida, recuerde...Él sabe. Él conoce sus circunstancias. Él sabe cómo algunas situaciones le afectarán a usted y a su familia y sabe exactamente lo necesario para que se acerquen a Él.

Él nos conoce íntimamente, vela por nosotros y está involucrado intencionalmente en cada detalle de nuestras vidas.

El Labrador tiene todo bajo control. El salmista escribió,

**Él cuenta el número de las estrellas; a todas ellas llama por sus nombres.**
**Grande es el Señor nuestro, y de mucho poder;**
**Y su entendimiento es infinito. (Salmo 147:4 - 5)**

No importa lo que le suceda a las otras ramas, no importa cuánto llueva o como otros traten de destruir la Vid, Él está en completo control. Él sabe lo que está haciendo, así que descanse en Su esperanza. Él tiene todo bajo control. Él entiende el desafío. Él ha experimentado el dolor, sabe las cantidades y cada detalle.

Él conoce sus circunstancias.

**Recibir:** Abra su Biblia y lea Mateo 6:30. Reconoce al Señor por Su infinita sabiduría y su asombroso poder. Alábale por quien es y por lo que ha hecho. Sigue estudiando y memorizando Juan 3:16 y Romanos 3:23. Sigue leyendo un capítulo al día del Evangelio de Juan.

**Regocijar:** Considere lo siguiente: ¿Es mi fe tan pequeña que no puedo confiar en Dios para manejar todos los detalles de mi vida?

**Repartir:** En oración, pregúntese, "Señor, ¿qué debo cambiar a la luz de estas verdades? ¿Cuáles pasos debo tomar?"

# Día # 8 - Crecimiento por medio de la Incomodidad

Y todo aquel que lleva fruto, lo limpiará, para que lleve más fruto. (Juan 15:2)

Las estrías son desalentadoras para los adolescentes. Cuando el cuerpo crece más rápido que la piel pueda manejar, estas marcas feas aparecen en el cuerpo. Algunas cremas pueden ayudar a eliminar las marcas, pero no lo suficientemente rápido. Algunas de estas marcas son permanentes. Ellas permanecen visibles durante muchos, muchos años. Los problemas pueden llevarle a un nivel más profundo de intimidad con la Vid.

Problemas pueden llevarte a un nivel más profundo de intimidad con la vid.

Como con cualquier sistema de transporte, se espera que haya problemas. En nuestro mundo, por ejemplo, a los camiones se les acaba la gasolina y las personas hacen entregas a direcciones equivocadas. En el sistema de repartos de Dios, los problemas surgen no porque uno está haciendo algo mal, sino porque está haciendo algo bien.

Tal vez diga, "Pero eso no tiene sentido." Si entendemos la metáfora de Juan 15, tiene mucho sentido. Cuando la rama empieza a crecer y producir fruto, se enfrenta a nuevos desafíos. Las ramas empiezan a sentir más peso y pueden dirigirse en demasiadas direcciones a la misma vez. Este peso adicional tiene el potencial de ponerle más tensión a la rama. A largo plazo, estos factores pueden afectar su conexión con la Vid. Por esta razón, el Labrador quita el exceso de su vida para apuntarle a la Vid.

Cuando la rama empieza a crecer y producir fruto, se enfrenta a nuevos desafíos.

Aunque su crecimiento puede producir algo hermoso de ver, puede, a la vez, afectar en gran manera su habilidad de producir más fruto. Este peso adicional es muy incómodo y, por cierto, no es bueno para usted. El Labrador quiere producir fruto en abundancia por medio de su vida. Esto exigirá gran incomodidad de su parte pero, a la larga, es muy bueno.

El labrador quita el exceso de tu vida para apuntarte a la vid.

El Labrador quita el exceso de su vida para apuntarle a la Vid. Su sufrimiento tiene un propósito divino. El crecimiento espiritual viene a través del dolor personal. El crecimiento espiritual es incómodo. Pablo nos recuerda,

Y no sólo esto, sino que también nos regocijamos en los sufrimientos, porque sabemos que los sufrimientos producen resistencia, la resistencia produce un carácter aprobado, y el carácter aprobado produce esperanza. Y esta esperanza no nos defrauda, porque Dios ha derramado su amor en nuestro corazón por el Espíritu Santo que nos ha dado. (Romanos 5:3-5)

**Recibir:** Abra su Biblia y lea Mateo 6:30. Pasa un tiempo con el Padre, pidiéndole que te prepare para los tiempos de incomodidad en tu crecimiento espiritual. Pídele que te ayude a acercarte a la vid durante este proceso. Sigue leyendo a través del Evangelio de Juan y repasa todos tus versículos de memoria en voz alta.

**Regocijar:** Considere lo siguiente: ¿Estoy animando a otros en su dolor? ¿Estoy listo para crecer a través del dolor personal? Dios me está enseñando a:

**Repartir:** En oración, pregúntese, "Señor, ¿qué debo cambiar a la luz de estas verdades? ¿Cuáles pasos debo tomar?" ¿Con quién puedes compartir esto hoy?

# Día # 9 - Crecimiento por medio del Dolor

Y todo aquel que lleva fruto, lo limpiará, para que lleve más fruto. (Juan 15:2)

Recortar arbustos nunca es una actividad de un día. Si usted se encuentra en la estación lluviosa, es posible que lo recorte de dos a tres veces al mes. Si no, una vez al mes funciona bien. Eliminar el exceso de arbustos lleva tiempo. Se necesita el equipo adecuado y las habilidades necesarias para hacer el trabajo bien. El que hace el trabajo determina qué es exactamente lo que va a cortar.

Justo al tiempo debido, el Labrador entra a la viña de su vida y corta el exceso de arbustos a su alrededor. Este recorte es más que incómodo, puede ser doloroso, muy doloroso. Dios va a remover el exceso que hay en su vida para acercarle más a la Vid. El exceso puede ser una posesión material, un trabajo, un evento u otra cosa. Aun puede ser que sea una amistad muy cercana.

Justo al tiempo debido, el labrador entra a la viña de tu vida y corta el exceso de los arbustos.

Dios tiene un propósito para todo lo que quita. Sólo quita lo necesario para que pueda producir más fruto. Él le permite que sufra y pase dolor para así expandir Su presencia en el mundo. No trate de entenderlo todo. Tal vez Dios decida revelar el propósito de su dolor, o no. Pero hay una buena noticia—puede confiar en el Labrador. Él sabe lo que está haciendo y cuidará de usted.

Dios tiene un propósito para todo lo que quita.

Dios tiene un propósito para todo lo que quita. A veces la única explicación que podemos encontrar para lo que Dios quita de nuestras vidas es el consuelo que podemos traer a las vidas de otros que pasan por el mismo dolor. Si le permitimos, Dios puede usar nuestro dolor para traer consuelo y ánimo a otros. Pablo escribió:

Bendito sea el Dios y Padre de nuestro Señor Jesucristo, Padre de misericordias y Dios de toda consolación, el cual nos consuela en todas nuestras tribulaciones, para que podamos también nosotros consolar a los que están en cualquier tribulación, por medio de la consolación con que nosotros somos consolados por Dios. (2 Corintios 1:3-4)

Mientras menos peso cargue, más fruto puede ofrecer su vida al Labrador. No se desanime cuando Dios le quita el exceso. Aunque puede ser muy doloroso, las experiencias le pueden llevar a un mayor nivel de productividad. Dele gracias al Señor por Su infinita sabiduría y descanse en el hecho de que Él tiene un propósito para todo lo que quita.

**Recibir:** Abra su Biblia y lea Juan 15:1-11. Pídele a Dios que prepare tu corazón para el exceso que necesita quitar de tu vida. Asegúrate de confiar el Él durante este proceso y acercarte a la vid. Empieza a memorizar 1 Pedro 3:18 y repasa los otros versículos.

**Regocijar:** Considere lo siguiente: ¿Confío en que Dios quita todo lo que es necesario de mi vida para producir más fruto? Dios me está enseñando a:

**Repartir:** En oración, pregúntese, "Señor, ¿qué debo cambiar a la luz de estas verdades? ¿Cuáles pasos debo tomar?" ¿Con quién puedes compartir esto hoy?

# Día # 10 - Conectados Seguros

Ya vosotros estáis limpios por la palabra que os he hablado. (Juan 15:3)

Cuando esté listo para montarse en una rápida montaña rusa, quiere asegurarse de que su cuerpo esté seguro, tanto como sea posible. La razón de esto es simple, si no toma las precauciones necesarias puede provocar lesiones o incluso la muerte. Como usted valora su vida, tomar estas medidas adicionales no es ningún problema.

Tu conexión a la vid es completamente segura.

Al momento de su salvación, sus pecados fueron perdonados y borrados. Fue sellado para vida eterna por el poder del Espíritu Santo. Su conexión a la Vid es completamente segura. Nadie puede separarle de esta conexión eterna. Aquel que sella la conexión es Aquel que la garantiza. Pablo escribió:

En él también vosotros, habiendo oído la palabra de verdad, el evangelio de vuestra salvación, y habiendo creído en él, fuisteis sellados con el Espíritu Santo de la promesa, que es las arras de nuestra herencia hasta la redención de la posesión adquirida, para alabanza de su gloria. (Efesios 1:13-14)

Su conexión a la Vid fue iniciada por el Labrador. Jesús dijo:

Mis ovejas oyen mi voz, y yo las conozco, y me siguen, y yo les doy vida eterna;
y no perecerán jamás, ni nadie las arrebatará de mi mano.
Mi Padre que me las dio, es mayor que todos, y nadie las puede arrebatar
de la mano de mi Padre. Yo y el Padre uno somos. (Juan 10:27-30)

Tu conexión a la vid fue iniciada por el labrador.

¿Qué significa toda esta seguridad? Significa que puede descansar completamente en la obra del Labrador. Puede confiar en Su provisión, Su protección y la garantía eterna para su vida. Significa que puede enfocarse más en la Vid y completamente eliminar de su mente cualquier preocupación o temor.

Pablo escribió:

**Por lo cual estoy seguro de que ni la muerte, ni la vida, ni ángeles, ni principados, ni potestades, ni lo presente, ni lo por venir, ni lo alto, ni lo profundo, ni ninguna otra cosa creada nos podrá separar del amor de Dios, que es en Cristo Jesús Señor nuestro. (Romanos 8:38-39)**

Usted está completamente seguro, como resultado de la obra terminada de Jesucristo en la cruz del Calvario. ¡Todo se ha cumplido! Su vida eterna es segura en Cristo Jesús. Si la muerte se acerca, no se asuste. Jesús venció a la muerte. Ya no tiene poder sobre su vida. La muerte no es más que una puerta a la siguiente fase de su eternidad.

**Recibir:** Abra su Biblia y lea Juan 3:36. Pídele a Dios, en tu tiempo de oración, que te ayude a aprender cómo confiar más en Él. Sigue leyendo a través del Evangelio de Juan y memorizando 1 Pedro 3:18.

**Regocijar:** Considere lo siguiente: Cómo tengo vida eterna ahora mismo en el Señor Jesucristo, ¿debo tener miedo de morir? Dios me está enseñando a:

**Repartir:** En oración, pregúntese, "Señor, ¿qué debo cambiar a la luz de estas verdades? ¿Cuáles pasos debo tomar?" ¿Con quién puedes compartir esto hoy?

# Pensamientos que Permanecen

Recordar es crítico para mi bienestar espiritual.

El escuchar es, ante todo, una disciplina espiritual, porque fe viene por el oír y el oír por la Palabra de Dios. Escuchar es recibir.

Una persona bendecida es aquella que, como un niño, puede vivir recibiendo de una fuente de amor contínuo.

Ser perfecto es vivir con un corazón completamente abierto a Dios y un corazón completamente abierto al hombre.

Vivir en el momento con un corazón abierto es la verdadera espiritualidad. Lo que Dios está permitiendo ahora para revelar el verdadero estado de mi corazón, es mi testimonio y mi oportunidad para glorificar a Dios.

Glorificar a Dios es revelar Su corazón siempre abierto. Su corazón nunca se cierra.

Buscar mi felicidad es buscar a Dios.

Buscar mi felicidad debe ser mi primera prioridad en la vida.

La búsqueda de la felicidad no es mala.

El querer sentirse bien es querer sentir a Dios.

# Día #11 - Una Entrega Continua

Permaneced en mí, y yo en vosotros. (Juan 15:4)

La estación de gasolina tiene un solo objetivo primordial. Sirve para volver a llenar su auto con combustible para reanudar su viaje. Eventualmente, su coche quemará esta nueva gasolina y requerirá otra dosis adicional. Cada vez que usted maneja una milla adicional, usted está más cerca a la próxima vez que usted necesita rellenar su vehículo.

Tu papel más importante como una rama es de continuamente permanecer en la vid y dejar que la vid viva libremente en ti.

Su conexión a la Vid es una relación que crece y da vida. Su papel más importante como rama es de continuamente permanecer en la Vid y dejar que la Vid viva libremente en usted. Recuerde, puede confiar en el Labrador mientras lleva a cabo Su plan a través de la Vid. Su entrega continua a los deseos del Labrador hace posible que la Vid pueda vivir libremente a través de usted. Realmente rendirse representa su libertad.

El proceso de la entrega espiritual será atacado agresivamente por el enemigo, Satanás. Lo que él quiere para usted es que pueda encontrar satisfacción en otro lugar. Vamos al grano - Satanás quiere destruirle (Génesis 3:1-5). El usará las dudas para afectar negativamente su manera de pensar, de una entrega a la insatisfacción.

Su conexión a la Vid es una relación que crece y da vida.

A Satanás le encanta engañar al pueblo de Dios quitándole su enfoque de la Vid. Satanás quiere que usted encuentre satisfacción en otro lugar. Por esta razón, el proceso de entrega espiritual es una actividad diaria, momento a momento, no un evento.

Satanás quiere que encuentres satisfacción en otro lugar.

Más adelante el apóstol Pablo desarrolla esta idea en cuanto a nuestra relación con el Espíritu Santo. Él da un mandato muy poderoso mientras anima a creyentes a vivir sabiamente. Pablo quiere que dejen de buscar satisfacción externa, que dejen de estar consumidos con la vida de este mundo y los placeres temporales. Quiere que estén constantemente llenos del Espíritu de Dios. Su instrucción es clara y directa:

Sed llenos del Espíritu. (Efesios 5:18)

Dios quiere que usted sea constantemente lleno de Su Espíritu. Quiere que deje su antigua manera de vivir y permita que Su Hijo le guíe en cada pensamiento, cada palabra y cada acción. Cuando deja que Dios cambie la satisfacción que en un tiempo encontraba en el mundo, con la satisfacción que da vida encontrada en Su Hijo, Él puede traer gran libertad y contentamiento a su vida, mientras descubre su nuevo propósito.

Dios quiere que usted sea constantemente lleno de Su Espíritu.

**Recibir:** Abra su Biblia y lea 1 Pedro 4:6. Pídele al Señor que te ayude a aprender cómo entregarte a Él. Sigue leyendo a través del Evangelio de Juan y repasa todos tus versículos de memoria previos.

**Regocijar:** Considere lo siguiente: ¿Vivo en el Espíritu? ¿Voy a Dios diariamente para que me cambie y me llene con su presencia?

**Repartir:** En oración, pregúntese, "Señor, ¿qué debo cambiar a la luz de estas verdades? ¿Cuáles pasos debo tomar?" ¿Con quién puedes compartir esto hoy?

# Día #12 - Dependencia Total

Permanezcan en mí, y yo en ustedes. Así como el pámpano no puede llevar fruto por sí mismo, si no permanece en la vid, así tampoco ustedes, si no permanecen en mí. (Juan 15:4)

A nuestra cultura le encanta medir la productividad. Tenemos tablas, gráficos y muchas otras herramientas que nos ayudan a cuantificar el rendimiento y evaluar la eficiencia. Medir la velocidad, la eficiencia y la calidad del trabajo de un empleado es normal. Esto nos ayuda a establecer estándares de productividad y nos ayuda a predecir los costos y las ganancias. En el mundo espiritual, la productividad espiritual se mide de manera muy diferente.

Una dependencia total en la Vid precede a la productividad espiritual. Una entrega continua a la voluntad del Labrador le llevará a depender de Él para toda su productividad y crecimiento espiritual. Una vida caracterizada por dependencia total en la Vid es la obra del Labrador. Sólo entonces podrá Su obra prosperar por medio de su vida. La productividad espiritual es relacional, no es mecánica.

Como rama, tiene que reconocer sus limitaciones espirituales. No puede producir el fruto visible del Espíritu de Dios sin estar conectado continuamente a la Vid. El enfoque de la vida cristiana es la conexión con la Vid en vez de la actividad para la Vid. Su conexión es lo que determina Su actividad.

Dependencia total en la vid precede a la productividad espiritual.

Hay una relación directa entre dependencia y fruto. Mientras su dependencia en la Vid aumenta, el fruto visible del Espíritu obrando a través de su vida también aumenta. No se enfoque en el fruto. Enfoque su atención en Jesús, y su capacidad de depender completamente en Él.

El enfoque de la vida Cristiana es la conexión con la vid en vez de la actividad para la vid.

Su dependencia total implica descansar seguro en la Vid y confiar en el cuidado completo del Labrador. No tiene que manufacturar un producto, una experiencia o un evento. La Vida, Cristo Jesús, ahora vive en usted.

Tu conexión es lo que determina tu actividad.

Todo lo necesario para producir la presencia visible de Dios en la tierra es producido por la Vid. El fruto de Dios producido por medio de su vida es de adentro hacia afuera. En oración, dedique su completa dependencia en Jesús. Pídale que Él dirija su vida cada día. El salmista escribió:

Señor, inclina tu oído y escúchame, pues me encuentro afligido y necesitado. Sálvame la vida, pues te soy fiel. Dios mío, salva a tu siervo, que en ti confía. Señor, ten misericordia de mí, porque a ti clamo todo el día. (Salmo 86:1-3)

Hay una relación directa entre dependencia y fruto.

**Recibir:** Abra su Biblia y lea Salmo 86. Sigue estudiando y memorizando todos los versículos de memoria. Empieza a memorizar Juan 14:6. Al orar, exprésale a Dios tu completa dependencia en Jesús. Pídele que te ayude a confiar en Su Palabra mientras dirige tu vida cada día.

**Regocijar:** Considere lo siguiente: ¿Dependo de Dios como si fuera mi única esperanza? ¿Qué estoy aprendiendo de Sus caminos?

**Repartir:** En oración, pregúntese, "Señor, ¿qué debo cambiar a la luz de estas verdades? ¿Cuáles pasos debo tomar?" ¿Con quién puedes compartir esto hoy?

# Día #13 - Provisión Completa

Yo soy la vid, vosotros los pámpanos. (Juan 15:5)

A lo largo de la historia, hay muchos ejemplos de grandes personas que han cruzado las barreras culturales, económicas y étnicas para atender las necesidades de los demás. Estos héroes no siempre aparecen en la portada de las revistas nacionales, pero sus buenas obras y su generosidad nunca se olvidan.

Es posible que el Labrador agite su rama, pero sólo afírmese.

Todo lo que necesita para vivir la vida cristiana se produce y es provisto por medio de la Vid. Ya no hay que perder el sueño, preocuparse o tener temor. Dios sabe exactamente lo que necesita y cuándo lo necesita. Puede confiar completamente en Su provisión para sus necesidades diarias y dejar que Su Palabra transforme radicalmente su manera antigua de pensar. Pablo escribió:

Por nada estéis afanosos, sino sean conocidas vuestras peticiones delante de Dios en toda oración y ruego, con acción de gracias. Y la paz de Dios, que sobrepasa todo entendimiento, guardará vuestros corazones y vuestros pensamientos en Cristo Jesús. Por lo demás, hermanos, todo lo que es verdadero, todo lo honesto, todo lo justo, todo lo puro, todo lo amable, todo lo que es de buen nombre; si hay virtud alguna, si algo digno de alabanza, en esto pensad. (Filipenses 4:6-8)

Todo lo que necesitas para vivir la vida Cristiana se produce y es provista por medio de la vid.

El esperar en la provisión del Labrador es otro componente de la dependencia total. Puede ser que necesite cambiar maneras antiguas de manejar su vida e implementar maneras nuevas. Cuando surgen los problemas, afirme su conexión. Decida que el pedir y el recibir de Dios será su primera prioridad, no su última opción. El libro de Proverbios dice:

Fíate de Jehová de todo tu corazón, Y no te apoyes en tu propia prudencia. Reconócelo en todos tus caminos, Y él enderezará tus veredas. (Proverbios 3:5-6)

Cambia la preocupación, el temor y la manipulación por la confianza, la fe y la verdad. Es posible que el Labrador agite su rama, pero sólo afírmese. Recuerde a quién está conectado - a Jesús. No intente resolver sus problemas sin Él. Invítele a que tome control completo de cada situación y que dirija sus pasos desde el principio. ¡Confíe en Él y se alegrará de haberlo hecho! Haga una lista de las cosas que Él ha provisto para usted durante este último mes. Usted puede ser agradablemente sorprendido con los resultados.

**Recibir:** Abra su Biblia y lea 1 Timoteo 6:17. Sigue estudiando Juan 14:6 y leyendo a través del Evangelio de Juan. Pasa una buena cantidad de tiempo agradeciéndole a Dios por su completa provisión. Has una lista de las cosas que Él te ha provisto durante este último mes.

**Regocijar:** Considere lo siguiente: ¿Dependo de Dios como si fuera mi única esperanza? ¿Qué estoy aprendido de Sus caminos? Dios me está enseñando a :

**Repartir:** En oración, pregúntese, "Señor, ¿qué debo cambiar a la luz de estas verdades? ¿Cuáles pasos debo tomar?" ¿Con quién puedes compartir esto hoy?

# Día #14 - Sustitución Total

Con Cristo estoy juntamente crucificado, y ya no vivo yo, mas vive Cristo en mí; y lo que ahora vivo en la carne, lo vivo en la fe del Hijo de Dios, el cual me amó y se entregó a sí mismo por mí. (Gálatas 2:20)

Reemplazar las cosas que se rompen no es algo que la mayoría de las personas esperan hacer con interés. Puede ser incómodo y muy costoso. Por lo general, toma más tiempo de lo que uno planifica. La idea de ser reemplazado en el reino espiritual es muy buena. Esto significa que su vida ha sido reemplazada por la vida de Cristo. Su transformación espiritual se llevó a cabo en el instante de su salvación.

Aunque eres el que está respirando, ya no eres el que está viviendo. Jesús es el que ahora vive a través de tu vida.

Su naturaleza vieja ha muerto y ha sido completamente sustituida por la naturaleza santa de Dios. Aunque usted es el que está respirando, ya usted no es el que está viviendo. Jesús es el que ahora vive a través de su vida. Mientras más permita que Su vida fluya a través de usted, más productivo será, como una rama conectando a otros con la Vid. Usted ha sido transformado.

Su propósito para vivir ha sido cambiado radicalmente. Ya no vive en el pasado ni tiene que encontrar su satisfacción en lo externo. Su propósito y satisfacción en la vida ya están presentes dentro de usted. Ahora vive por fe y no por la vista. Lo viejo ha sido reemplazado para siempre. Murió y ha sido enterrado.

Mientras más dejas que Su vida fluya a través de ti, más productivo serás en conectar a otros a la vid.

Usted está libre para descubrir su nuevo propósito en la vida. Descubra el propósito diario de su vida por fe mientras permanece en la Vid y responda en obediencia a Su palabra.

Aunque su transformación espiritual fue instantánea, la aplicación de su conversión a la vida es un proceso continuo. Mientras lee el Evangelio de Juan, pase tiempo en oración, memorice las Escrituras y estudie cada devocional, haciéndose esta pregunta: "¿Cómo debo cambiar mi vida a la luz de esta verdad?" La respuesta a esta pregunta es la aplicación de la verdad a su vida.

Tu propósito para vivir ha sido cambiado radicalmente.

Decida vivir por la fe en Jesucristo mientras que usted aprende a aplicar la Palabra de Dios en su vida diaria. Pablo dice:

**Toda la Escritura es inspirada por Dios, y útil para enseñar, para redargüir, para corregir, para instruir en justicia, a fin de que el hombre de Dios sea perfecto, enteramente preparado para toda buena obra." (2 Timoteo 3:16-17)**

Aunque tu transformación espiritual fue instantánea, la aplicación de tu conversión a la vida es un proceso contínuo.

**Recibir:** Abra su Biblia y lea Romanos 6:6. Sigue estudiando todos los versículos de memoria y leyendo a través del Evangelio de Juan. Pasa un buen tiempo preguntando: "¿Cómo debe cambiar mi vida a la luz de esta verdad? Haz una lista de las cosas que el Señor te muestra.

**Regocijar:** Considere lo siguiente: Ya que mi vida antigua ha sido reemplazada por la de Jesús, ¿cuál es el siguiente paso a tomar? Dios me está enseñando a:

**Repartir:** En oración, pregúntese, "Señor, ¿qué debo cambiar a la luz de estas verdades? ¿Cuáles pasos debo tomar?" ¿Con quién puedes compartir esto hoy?

# Día #15 - Menos para Más

Yo soy la vid, vosotros los pámpanos; el que permanece en mí, y yo en él, éste lleva mucho fruto; porque separados de mí nada podéis hacer. (Juan 15:5)

Una de las características de un genio es su capacidad de tomar un problema complejo, dividirlo en etapas y darle una solución práctica. A veces, nuestro deseo de resolver problemas difíciles trae problemas adicionales en el proceso, los cuales tenemos que resolver también. La vida en el Espíritu es simple, no complicada.

La actividad más natural y productiva de una rama es el permanecer en la Vid. Sin la Vid, la rama no puede vivir, crecer o producir fruto. Por sí sola, la rama no puede hacer NADA. Usted no puede cumplir su propósito sin permanecer en la Vid. Tiene que dejar que el Labrador quite todas las actitudes y actividades que no ayudan a mantener mejor enfocada su atención en la Vid.

La actividad más natural y productiva de una rama es el permanecer en la vid.

Usted no puede cumplir su propósito como creyente a menos que reciba de la Vid y le permita que Su vida viva a través de usted. Como rama, la energía y el enfoque de su vida debe simplificarse radicalmente: recibir, regocijar y repartir. Mientras más simplifica su relación diaria con Cristo, mayor es su potencial para producir mucho fruto. Su vida puede efectuar una gran diferencia cuando usted hace lo que fue creado para hacer. Usted fue redimido para permanecer.

No puedes cumplir tu propósito como creyente a menos que recibas de la vid y permitas que Su vida viva a través de ti.

Como una rama, lo que "hace" no se trata de llenar su calendario con más actividades, eventos y compromisos. Sino por el contrario, implica reducir lo que "hace." En la vida cristiana, cuando usted reduce, usted produce. Cuando no reduce, no puede producir.

Mientras más simplificas tu relación diaria con Cristo, mayor es tu potencial para producir mucho fruto.

Aquí se haya la sencillez de la vida cristiana: Su satisfacción diaria y su productividad espiritual se encuentran en Cristo Jesús. Usted fue salvo para experimentar satisfacción completa y nutrición espiritual diaria de la Vid. Esto es lo "principal." Y en la vida cristiana, cuando reduce, produce.

Pablo escribió:

**Y no es que nos creamos competentes por nosotros mismos, como si esta competencia nuestra surgiera de nuestra propia capacidad. Nuestra competencia proviene de Dios. (2 Corintios 3:5)**

¿Qué necesita reducir en su vida para enfocarse más en la Vid? Hágase una lista y tome los pasos para empezar a reducir estas actividades. Permanecer es la única manera de ser de alguna utilidad para Dios. Ahora es el tiempo de reducir.

En la vida Cristiana, cuando reduces, produces.

**Recibir:** Abra su Biblia y lee todo de Juan 15, una vez más. Sigue estudiando todos los versículos de memoria y leyendo a través del Evangelio de Juan. Haste la pregunta: "¿Qué necesito reducir en mi vida para enfocarme más en la vid?" Has una lista y toma los pasos para empezar a reducir estas actividades.

**Regocijar:** Considere lo siguiente: ¿Qué es lo más importante que tengo que dejar de hacer en mi vida para permanecer más? Dios me está enseñando a:

**Repartir:** En oración, pregúntese, "Señor, ¿qué debo cambiar a la luz de estas verdades? ¿Cuáles pasos debo tomar?" ¿Con quién puedes compartir esto hoy?

# Pensamientos que Permanecen

Permanecer es la única manera de serle útil a Dios.

El fruto que permanece es la satisfacción que viene a mí de Dios
y ahora permanece en otros también.

La salud de una iglesia se determina por el nivel de satisfacción
encontrado en Dios.

Ninguna iglesia puede avanzar más rápido que la velocidad
de su satisfacción en Dios.

La esencia tiene que preceder al esfuerzo en la vida de una Iglesia.
La esencia es determinada por lo que recibimos, no por lo que hacemos.

La confesión de pecado es necesaria para que pueda ubicar el lugar en donde
yo trate de controlar los resultados en vez de permitir que el amor de Dios fluyera.

La confesión de pecado es necesaria para que pueda encontrar
el lugar donde mi corazón se cerró a Dios y a otros.

Peco menos, sólo cuando permanezco más.

# Día #16 - La Verdadera Vid

El que en mí no permanece, será echado fuera como pámpano, y se secará; y los recogen, y los echan en el fuego, y arden. (Juan 15:6)

Usted la agarra con sus propias manos. Se ve idéntica a la que está en la tienda local. El costo está reducido un 75% del precio normal. ¡Qué buen negocio! No puede ser verdad... ¿no? Sería demasiado bueno para ser la verdad, pero verdaderamente no es cierto. Es una falsificación. Hay muchos fraudes en la calle. Vale la pena comprobar las cosas. Hay que investigar lo que dicen antes de descubrir su verdadera identidad.

Jesús es la Verdadera Vid, Aquel que es Vida y reparte vida a aquellos que confían en Él.

Hay muchos viñedos en el mundo de las viñas espirituales, pero sólo una Verdadera Vid bajo el cuidado del Labrador. Jesús estuvo involucrado activamente en la creación (Juan 1). Él es el Principio y el Fin, el Alfa y la Omega. Jesús es Eterno. Él es la ÚNICA solución para su problema de pecado. Jesús es la Verdadera Vid, Aquel que es Vida y reparte vida a aquellos que confían en Él.

La vida de Jesús produce vida.

Jesucristo crucificado en la cruz es la única provisión de Dios que completamente satisface la paga y la pena por sus pecados. Jesús es la Verdadera Vid...No hay otro. Jesús murió en la cruz para conectarle con Dios. Todos los que le rechazan se enfrentarán a una eterna separación de Dios. La Biblia dice:

Este Jesús es la piedra reprobada por vosotros los edificadores, la cual ha venido a ser cabeza del ángulo. Y en ningún otro hay salvación; porque no hay otro nombre bajo el cielo, dado a los hombres, en que podamos ser salvos. (Hechos 4:11-12)

La vida de Jesús produjo vida. No se puede producir la vida si no es la Vida. Jesús es la Vida y, por lo tanto, Él puede producir vida en usted. La vida de Jesús produce vida. Mahoma, Buda, Confucio y otros han muerto y han permanecido en la tumba. Sus enseñanzas pueden haber continuado pero no produjeron fruto eterno ni han conectado a otros con el Padre. Ellos sencillamente no son la Verdadera Vid.

Haga una lista de los que no han seguido a Jesús como su Salvador. Que sea un punto en su agenda esta semana para compartir estas verdades con ellos. Jesús es la esperanza del mundo. Jesús es la Vid Verdadera. Jesús dijo:

**Yo soy el camino, y la verdad, y la vida; nadie viene al Padre, sino por mí.** (Juan 14:6)

**Recibir:** Abra su Biblia y lea Isaías 42:6. Sigue estudiando todos los versículos de memoria y sigue leyendo a través del Evangelio de Juan. Has una lista de aquellos que no han seguido a Jesús como Salvador. Haste el compromiso de hacer tiempo en tu agenda esta semana para compartir estas verdades con ellos.

**Regocijar:** Considere lo siguiente: ¿Cómo puedo creativamente compartir con otros esta semana la esperanza de Jesús? Dios me está enseñando a:

**Repartir:** En oración, pregúntese, "Señor, ¿qué debo cambiar a la luz de estas verdades? ¿Cuáles pasos debo tomar?" ¿Con quién puedes compartir esto hoy?

# Día # 17 - Una Conversación Productiva

Si permanecéis en mí, y mis palabras permanecen en vosotros,
pedid todo lo que queréis, y os será hecho. (Juan 15:7)

Existe una clara distinción en la duración de las conversaciones entre niños y niñas. A las niñas les encanta hablar. Los niños prefieren acción en vez de la conversación. Las niñas son altamente relacionales, mientras que la mayoría de los niños son recreacionales. Superar esta brecha social mientras que ellos se desarrollan en la vida es un gran reto.

Tus oraciones son espiritualmente productivas
cuando están alineadas con la Palabra de Dios.

La oración es el oxígeno espiritual de la vida cristiana. Hay una relación directa entre la oración y el permanecer. La oración puede acercarle a Dios ayudándole a crecer más profundamente en su compañerismo diario y en su dependencia de la Vid. Mientras refina su enfoque en las cosas que más le importan a Dios, Él le guiará a orar de una manera que magnifique Su nombre, haciendo que sus deseos sean Sus deseos.

Hay una relación directa entre la oración y el permanecer.

Como una rama, usted quiere ser productivo al invertir su tiempo. Sus oraciones son espiritualmente productivas cuando están alineadas con la Palabra de Dios. Al memorizar la Palabra de Dios y meditar en ella a lo largo del día, algo cambia—usted. La Palabra empieza a cambiar la manera en que usted piensa, procesa y responde a su ambiente. Esto es bueno, muy bueno. La Palabra le mantiene en el camino debido. Pablo escribió:

Toda la Escritura es inspirada por Dios, y útil para enseñar, para redargüir, para corregir, para instruir en justicia, a fin de que el hombre de Dios sea perfecto, enteramente preparado para toda buena obra. (2 Timoteo 3:16-17)

Un estudio regular de la Palabra de Dios y una conversación abierta acerca de cómo se aplica a cada área de su vida le guiará a una conversación espiritual productiva. Cuando la Palabra de Dios llena y dirige su vida, el Labrador responderá a sus oraciones. La oración y una aplicación personal de la Palabra de Dios deben trabajar juntos.

La Palabra empieza a cambiar la manera en que usted piensa, procesa y responde a su ambiente.

Pídale al Señor que examine su corazón por cualquier cosa que esté fuera de alineación con Su Palabra. Confiéselo en seguida y dele gracias al Señor por Su misericordia y compasión. Cuando usted permanece en Jesucristo, Dios permanece en usted. Al orar de acuerdo a la Palabra de Dios y en la alineación con Su voluntad, Dios responde. Dios está esperando su próxima conversación.

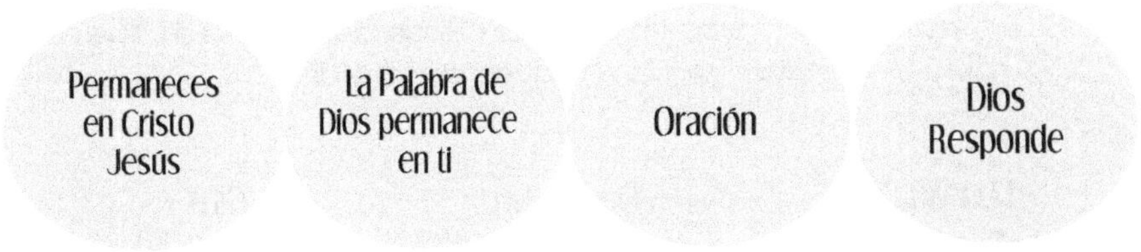

Permaneces en Cristo Jesús

La Palabra de Dios permanece en ti

Oración

Dios Responde

**Recibir:** Abra su Biblia y lea Mateo 6:9. Empieza a memorizar 1 Juan 1:9. Sigue leyendo a través del Evangelio de Juan. Pídele al Señor que examine tu corazón para ver si hay algo fuera de sintonía con Su Palabra. Confiésalo de inmediato y dale gracias a Dios por su misericordia y compasión.

**Regocijar:** Considere lo siguiente: Puesto que Dios es su Padre, ¿qué tipo de conversaciones cree que Él está esperando de usted? Dios me está enseñando a:

**Regocijar:** En oración, pregúntese, "Señor, ¿qué debo cambiar a la luz de estas verdades? ¿Cuáles pasos debo tomar?" ¿Con quién puedes compartir esto hoy?

# Día #18 - La Meta

En esto es glorificado mi Padre: en que lleven mucho fruto. (Juan 15:8)

Todo buen equipo sabe la importancia de escuchar a su entrenador. Ellos quieren complacer a su entrenador y responder a sus instrucciones. Ayuda cuando el entrenador puede comunicar su plan con el menor número de palabras posible. Saber esto ayuda a que el equipo recuerde su misión y trabajen juntos.

La meta de dar fruto es sencillamente para darle a Dios mayor gloria a través de tu vida.

| Una Vida que Permanece | Da Mucho Fruto | Dios es Glorificado |
|---|---|---|

La meta de la rama es producir fruto en abundancia para alabar el nombre del Labrador. Dios quiere producir una cantidad generosa de fruto a través de su vida para magnificar Su nombre a través de toda la eternidad. La meta de dar mucho fruto es sencillamente para darle a Dios mayor gloria a través de su vida. Mantén esto en mente. Mientras mayor es el fruto, mayor es la gloria.

¡Su vida fue diseñada para glorificar a Dios!

Una vida que permanece es una que recibe un fluir continuo de nutrición espiritual de la Vid y que después lo reparte intencionalmente a otros, produciendo mucho fruto. Cuando permite que Dios libremente produzca mucho fruto por medio de su vida, Su nombre es glorificado y dado a conocer a otros. Dios quiere que su vida magnifique Su nombre generosamente. Él desea que usted sea intencional con esta instrucción.

Dios le incorporó a Su viña para que su vida pueda dar mucho fruto y glorificar Su nombre. ¡Su vida fue diseñada para glorificar a Dios! En Su infinita sabiduría, Dios le creó como una herramienta única para que haga visible la luz de Dios a otros. Sus dones de hablar y servir a otros le fueron dados específicamente por Dios para traer gloria a Su nombre.

Dios quiere que tu vida magnifique Su nombre generosamente.

Use lo que Dios le ha dado para repartir Su amor a otros. Usted es un instrumento para los propósitos de Dios. Imagine la pasión en el corazón de Pedro cuando escribe esta nota a la iglesia:

**Cada uno según el don que ha recibido, minístrelo a los otros, como buenos administradores de la multiforme gracia de Dios. Si alguno habla, hable conforme a las palabras de Dios; si alguno ministra, ministre conforme al poder que Dios da, para que en todo sea Dios glorificado por Jesucristo, a quien pertenecen la gloria y el imperio por los siglos de los siglos. Amén.** (1 Pedro 4:10-11)

¿Cómo puede utilizar su lengua y dones espirituales para glorificar a Dios? El objetivo es producir fruto del carácter de Dios a través de su vida. Dios cuenta con usted para empezar.

**Recibir:** Abra su Biblia y lea Mateo 28:18-20. Sigue leyendo a través del Evangelio de Juan. Refleja en cómo tus dones hablados y de ministerio puede magnificar el nombre de Dios ante otros en esta semana.

**Regocijar:** Considere lo siguiente: Hacer discípulos es dar fruto. ¿A quién puedo empezar a enseñar y entrenar en la fe?

**Repartir:** En oración, pregúntese, "Señor, ¿qué debo cambiar a la luz de estas verdades? ¿Cuáles pasos debo tomar?" ¿Con quién puedes compartir esto hoy?

# Día #19 - Evidencia Clara

En esto es glorificado mi Padre: en que lleven mucho fruto,
y sean así mis discípulos. (Juan 15:8)

Lo que se espera encontrar en un par de años, después de sembrar una buena semilla, es fruto. No nos referimos a la fruta en el sentido singular de la palabra, pero el plural—fruto. En el transcurso del tiempo, usted debe esperar una gran canasta de fruto. Este es el producto natural de buena agua, tierra fértil, el podar de las ramas y gran cuidado.

El fruto es la evidencia de una vida transformada.

Su transformación espiritual se hace evidente por el fruto que reparte a otros. Una persona que dice ser cristiana, pero no produce fruto, ni siquiera un poco, no es un cristiano. El fruto es la evidencia de una vida transformada. Su vida como creyente debe ser caracterizada por fruto. El fruto es evidencia de estar conectado debidamente. Su fruto confirma su conexión.

El Labrador está más interesado en su consistencia
que en su velocidad.

Su conexión con la Vid debe guiarle a desarrollar aquellas cualidades que son características de ella. Estas cualidades no se desarrollan de golpe, toman tiempo. Usted es una obra de Dios que se va desarrollando por la gracia de Dios. El Labrador está más interesado en su consistencia que en su velocidad. El destino de su transformación es la semejanza a Jesús, conformado a Su imagen. Usted fue transformado para ser conformado a la imagen de Cristo Jesús. Pablo escribió:

Y sabemos que a los que aman a Dios, todas las cosas les ayudan a bien, esto es, a los que conforme a su propósito son llamados. Porque a los que antes conoció, también los predestinó para que fuesen hechos conformes a la imagen de su Hijo, para que él sea el primogénito entre muchos hermanos. (Romanos 8:28 - 29)

Permítale al Labrador que haga Su obra perfecta en usted. Como un labrador, Dios empieza a remover aquellas áreas de su vida que están en oposición directa a Su plan divino. También empieza a enfocar su vida a través de una variedad de experiencias, guiándole a reflejar los atributos de la Vid para sobrellevar cada una de ellas.

Fuiste transformado para ser conformado a la imagen de Cristo Jesús.

A veces, las condiciones serán difíciles de sobrellevar y otras veces, tiempos de sol y frescura. Cada una de ellas está diseñada para su transformación. Dios nunca desperdicia una experiencia. Cada una puede producir fruto. Cada experiencia puede magnificar el nombre de Dios. Como Su rama, ¿cómo está la vida de Jesús reflejándose a través de su actitud y por sus acciones?

Su fruto confirma su conexión.

**Recibir:** Abra su Biblia y lea Romanos 8:28-29 en su traducción. Sigue estudiando todos los versículos de memoria y leyendo a través del Evangelio de Juan. ¿Cómo se ve reflejada la vida de Jesús en tus actitudes y en tus acciones? ¿Qué te está pidiendo que cambies ó saques de tu vida?

**Regocijar:** Considere lo siguiente: ¿Hay una dificultad en mi vida hoy que Dios quiere usar para producir más fruto espiritual?

**Repartir:** En oración, pregúntese, "Señor, ¿qué debo cambiar a la luz de estas verdades? ¿Cuáles pasos debo tomar?" ¿Con quién puedes compartir esto hoy?

# Día #20 - El Mismo Amor

Como el Padre me ha amado, así también yo os he amado; permaneced en mi amor. (Juan 15:9)

El amor de un padre es poderoso y transformador. Infunde confianza, estabilidad y seguridad en la vida de sus hijos. Éstos son sólo algunos de los beneficios. Hay un deseo en nuestra cultura para padres fuertes, pero cariñosos, que toman su lugar legítimo en el hogar y en sus comunidades.

Con Dios, el repartir amor es algo personal, muy personal. Antes que Él inspirara a los suyos a escribir sobre las características del amor, decidió demostrar este amor y modelar lo que el amor debería ser. Como el Labrador, Él es el que inicia el amor. Dios tomó el primer paso al enviar a Su único Hijo a morir en la cruz, así conectándole a usted con la única fuente de satisfacción que da vida. Juan escribió:

Porque de tal manera amó Dios al mundo, que ha dado a su Hijo unigénito, para que todo aquel que en él cree no se pierda, sino que tenga vida eterna. (Juan 3:16)

Con Dios, el repartir amor es algo personal... muy personal.

El amor del Padre hacia el Hijo es poderoso, perfecto y eterno. A la misma vez, el amor que Jesús tiene para usted es poderoso, perfecto y eterno. Su relación íntima con el Padre siempre ha existido. Más antes, Juan escribió:

En el principio era el Verbo, y el Verbo era con Dios, y el Verbo era Dios. Este era en el principio con Dios. Todas las cosas por él fueron hechas, y sin él nada de lo que ha sido hecho, fue hecho. En él estaba la vida, y la vida era la luz de los hombres. (Juan 1:1 - 4)

Sus conversaciones el uno con el otro siguieron sin interrupción. Había conocimiento completo, unidad perfecta y sabiduría infinita. Jesús quiere que usted viva en este mismo amor. Un amor que es ilimitado en poder, conocimiento, sabiduría y unidad. Él quiere que reciba este amor de Él cada momento de cada día y que reparta este amor transformador a otros.

El amor que Jesús tiene para usted es grande, perfecto y eterno. Este amor no es común, es sobrenatural. El mundo necesita ver este mismo amor. Necesitan ver como Jesús respondería en cada situación.

El amor que Jesús tiene para ti es poderoso, perfecto y eterno.

Las personas necesitan ver la belleza de la presencia perfecta de Dios desplegada por medio de las vidas de Su gente. Un amor que va más allá de la cultura y las normas sociales. Una vida que da en vez de quitar, una vida que sacrifica en vez de hacer demandas y una vida que sirve en vez de poner carga a otros. Observe qué grande es la realidad de este amor.

Las personas necesitan ver la belleza de la presencia perfecta de Dios desplegada por medio de las vidas de Su pueblo.

**Recibir:** Abra su Biblia y lea 1 Juan 4:18. Sigue estudiando tus versículos de memoria y leyendo a través del Evangelio de Juan. Lee Mateo 5 y escribe cómo Jesús nos enseña a amar a otros. Nota como Su amor va más allá de cualquier cultura, aun la de hoy en día.

**Regocijar:** Considere lo siguiente: ¿Amo a los demás "como el Padre me ha amado"? ¿Estoy retrasando mi amor debido a mis temores?

**Repartir:** En oración, pregúntese, "Señor, ¿qué debo cambiar a la luz de estas verdades? ¿Cuáles pasos debo tomar?" ¿Con quién puedes compartir esto hoy?

# Pensamientos que Permanecen

Lo complejo es del diablo. Lo sencillo es de Dios.

Cuando coopero con las intenciones de Dios me siento como un hombre
que comió una asombrosa comida de gratis.

Hábitos espirituales son las disciplinas de la vida que me ponen en la mejor
posición para recibir todo lo que Jesús está dispuesto a darme constantemente.

El Sermón del Monte es una descripción de la clase de vida que surgirá
cuando estoy perfectamente satisfecho en Dios las 24 horas del día,
los siete días por semana.

Creer es recibir. Aumentar mi fe es aumentar mi capacidad para recibir
lo que Dios ha hecho, lo que está haciendo y lo que hará.

El Reino de Dios es un lugar donde mi corazón se mantiene abierto a Dios
y a todos los demás.

Orar en el nombre de Jesús es orar en armonía con Sus intenciones.

Cada iglesia puede estar perfectamente saludable.

Siempre estoy obsesionado con algo ó alguien.

Cuando estoy obsesionado con Jesús, lo mejor de mí sale naturalmente.

# Día #21 - Un Amor Obediente

Si guardareis mis mandamientos, permaneceréis en mi amor; así como yo he guardado los mandamientos de mi Padre, y permanezco en su amor. (Juan 15:10)

No importa lo grande que los sueños puedan ser para construir una casa, si no hay alguien que elabore o diseñe los planos, no pasa nada. El sueño nunca se hará realidad hasta que alguien toma acción. Esto nos recuerda de un principio relacional muy importante: Cuando el amor está presente la acción le sigue. En el mundo espiritual, el amor se perfecciona por la obediencia, lo cual significa tomar medidas de acuerdo a la Palabra de Dios.

Tu amor por Dios se perfecciona
por medio de tu obediencia a Su Palabra.

Su amor por Dios se perfecciona por medio de su obediencia a Su Palabra. Amor y obediencia son las dos caras de la misma moneda. El amor se demuestra a través de la obediencia.

Obediencia es la puerta de entrada para vivir una vida
que permanece.

Jesús modeló un amor perfecto por medio de Su obediencia a los mandatos del Padre. Obedeció la Palabra de Dios el 100% del tiempo. No demoró o fue negligente en ello. Jesús siguió a Dios de todo corazón. Cuando usted no obedece no puede permanecer.

El amor se perfecciona a través de la obediencia. Perfeccionando su amor por Dios es sencillo, no complicado. El famoso lema de Nike, "Just do it," ("Sólo hágalo") le hizo recordar al público que se pusieran los zapatos debidos y tomaran acción inmediata. Al aprender algo nuevo de la Palabra de Dios, hágase el hábito de tomar acción inmediata.

Al aprender algo nuevo de la Palabra de Dios, hágase el hábito
de tomar acción inmediata y "just do it."

Nunca deje para mañana lo que Dios le ha mostrado para hacer hoy. ¡Sólo hágalo! Sea cual sea el tema: la oración, el dar, el perdón, el bautismo o cualquier otra cosa, "Just do it" y confíe en el Labrador para encargarse de lo demás.

Cuando el amor está presente la acción le sigue.

Mientras pone en práctica la Palabra de Dios, su intimidad con la Vid se profundizará. Permita que su amor crezca y se perfeccione en usted mientras que toma el siguiente paso. Santiago escribió:

**Pero sed hacedores de la palabra, y no tan solamente oidores, engañándoos a vosotros mismos. Porque si alguno es oidor de la palabra pero no hacedor de ella, éste es semejante al hombre que considera en un espejo su rostro natural. Porque él se considera a sí mismo, y se va, y luego olvida cómo era. Mas el que mira atentamente en la perfecta ley, la de la libertad, y persevera en ella, no siendo oidor olvidadizo, sino hacedor de la obra, éste será bienaventurado en lo que hace. (Santiago 1:22 - 25)**

**Recibir:** Abra su Biblia y lea Mateo 5:1-48. Pídale al Señor que le ayuda a obedecer Su Palabra. Siga estudiando sus versículos de memoria, leyendo el Evangelio de Juan y Mateo 5. Escriba los pasos de obediencia que necesita tomar como resultado de haber descubierto estas verdades.

**Regocijar:** Considere lo siguiente: ¿Qué medidas prácticas de amor y obediencia debo empezar a hacer hoy? Dios me está enseñando a:

**Repartir:** En oración, pregúntese, "Señor, ¿qué debo cambiar a la luz de estas verdades? ¿Cuáles pasos debo tomar?" ¿Con quién puedes compartir esto hoy?

# Día #22 - Un Amor Perfecto

Amarás al Señor tu Dios con todo tu corazón, y con toda tu alma, y con todas tus fuerzas, y con toda tu mente; y a tu prójimo como a ti mismo. (Lucas 10:27)

Cuando los organismos vivos crecen, nadie se sorprende. Esto significa que sus sistemas internos están funcionando bien y haciendo su trabajo. Las cosas sanas crecen. Esto es esencialmente el resultado de un proceso natural. A menudo se puede predecir cuánto ciertos organismos crecerán bajo condiciones controladas.

Dios quiere que le ames siguiéndole con todo tu ser.

En la vida cristiana, el amor es extenso. No está limitado, dividido ni es temporal. Dios le ama con un amor perfecto. Mientras siga viviendo una vida que permanece, su amor para con Dios y para con otros crecerá. Cuando Él le conectó a Su Hijo en el momento de la salvación, usted llegó a ser Su hijo(a) para siempre. Esta relación está diseñada para florecer.

Dios quiere que usted lo ame siguiéndole con todo su ser. Él quiere que el amarle a Él sea su prioridad número uno. Reconozca que Dios es Aquél que tiene control absoluto de todo. Debido a que Su provisión para usted, por medio de la Vid, puede satisfacer cada necesidad que tiene, no hay razón para buscar en otro lugar. Dios quiere que le ame y lo siga con todo su ser. Esto es una gran parte de su madurez espiritual.

Todo tu corazón

Toda tu Alma

Todas tus Fuerzas

Toda tu Mente

Mientras usted profundiza su conexión con la Vid, crecerá en su amor, su pasión y su apreciación por el Labrador. Su capacidad para amar aumentará mientras mantiene un constante fluir, entrando y saliendo, de la Vid. En otras palabras, un compañerismo sin interrupciones alimenta su crecimiento espiritual.

Reconozca que Dios es Aquél que tiene control absoluto de todo.

Mientras usted profundiza su conexión con la Vid,
crecerá en su amor, su pasión y su apreciación por el Labrador.

Es por eso que es tan importante que confiese su pecado de inmediato. El pecado inconfeso siempre interrumpirá su compañerismo e impedirá que ame a Dios con el 100% de su corazón, alma, fuerza y mente. Mientras usted siga viviendo una vida que permanece, su amor para con Dios y para con otros crecerá. No deje que su amor hacia Dios y hacia otros pare de crecer como resultado de los pecados inconfesos. Recuerda la promesa que tiene en Cristo:

**"Si confesamos nuestros pecados, él es fiel y justo para perdonar nuestros pecados y limpiarnos de toda maldad. Si decimos que no hemos pecado, lo hacemos a él mentiroso, y su palabra no está en nosotros."** (1 Juan 1:9-10)

Mientras sigues viviendo una vida que permanece,
tu amor para con Dios y para con otros crecerá.

**Recibir:** Abra su Biblia y lea 1 Juan 1:9-10 en su traducción. Empieza a aprender Romanos 10:9 de memoria y sigue leyendo el Evangelio de Juan. ¿Cuáles cosas han interrumpido tu compañerismo con Dios en el pasado? Pídele que te guíe para evitar interrupciones y permanecer en comunión con Él.

**Regocijar:** Considere lo siguiente: ¿Estoy permitiendo continuamente que cualquier pecado interrumpa mi amor por Dios? Dios me está enseñando a:

**Repartir:** En oración, pregúntese, "Señor, ¿qué debo cambiar a la luz de estas verdades? ¿Cuáles pasos debo tomar?" ¿Con quién puedes compartir esto hoy?

# Día #23 - Un Amor que Satisface

Estas cosas les he hablado, para que mi gozo esté en ustedes,
y su gozo sea completo. (Juan 15:11)

Cuando una madre agoniza en el parto durante varias horas para dar a luz un nuevo bebé, es una experiencia agotadora. El dolor que experimenta es muy real. Todo esto se desvanece rápidamente en el momento en que llega el nuevo bebé. La alegría que una madre experimenta en ese momento supera el gran dolor causado por su esfuerzo.

Una característica fuerte de tu vida debe ser
un corazón lleno de gozo.

Usted fue creado para gozar de los propósitos de Dios para Su vida. Tal vez eso suene un poco raro, pero es verdad. Dios le creó con un mayor propósito y no hay nada aburrido o común en eso. Una característica fuerte de su vida debe ser un corazón lleno de gozo.

Pero usted tiene que creer que las intenciones de Dios para su vida son buenas, muy buenas. Entonces podrá confiar en Él con todo su corazón. Él tiene un buen plan para su vida (Filipenses 1:6). Usted por lo tanto, de todo corazón, puede confiar en Él.

Dios quiere que usted corra la carrera cristiana con un tanque lleno. Él quiere que persevere y que termine fuerte. La presencia ininterrumpida de Cristo fluyendo a través de su vida es el poder necesario para vivir y terminar fuerte. Jesús, dentro de usted, es su única fuente para obtener la satisfacción abundante. La fuente errónea le detendrá. Asegúrese que está encontrando la fuerza para vivir en la fuente correcta. Observe la fuente de David:

David se angustió porque todo el pueblo quería apedrearlo, pues les dolía haber perdido a sus hijas y a sus hijos, pero halló fuerzas en el Señor su Dios.
(1 Samuel 30:6)

Todos sus recursos espirituales están disponibles para que los aplique a su vida ahora mismo. Toda la satisfacción que va a necesitar ya está presente en usted. A pesar de las circunstancias, usted puede tener gozo ahora mismo. Si tiene una necesidad genuina, pídale y observe como Él se la provee.

Dios quiere que usted sienta el gozo que se encuentra al vivir por medio de la Vid. Confíe en Él. Al final sólo será para su bien. Él le ama y tiene un propósito para cada una de sus circunstancias. Goce de Su presencia mientras obra a través de usted. Jesús dijo,

**Hasta ahora nada habéis pedido en mi nombre; pedid, y recibiréis, para que vuestro gozo sea cumplido. (Juan 16:24)**

La presencia ininterrumpida de Cristo fluyendo a través de su vida es el poder necesario para vivir y terminar fuerte.

**Recibir:** Abra su Biblia y lea 1 Juan 1:4. Sigue memorizando Romanos 10:9 y leyendo el Evangelio según Juan. Pídele al Señor que te ayude a encontrar tus fuerzas para vivir por medio de Su Hijo.

**Regocijar:** Considere lo siguiente: ¿Está mi gozo completo? ¿Estoy tratando de encontrar satisfacción en las cosas, el dinero o el poder? Dios me está ensenando a:

**Repartir:** En oración, pregúntese, "Señor, ¿qué debo cambiar a la luz de estas verdades? ¿Cuáles pasos debo tomar?" ¿Con quién puedes compartir esto hoy?

# Día #24 - Una Batalla Constante

Digo, pues: Vivan según el Espíritu, y no satisfagan los deseos de la carne. Porque el deseo de la carne se opone al Espíritu, y el del Espíritu se opone a la carne; y éstos se oponen entre sí para que ustedes no hagan lo que quisieran hacer. (Gálatas 5:16-17)

Algunas personas evitan discusiones intensas, mientras que otros las buscan con facilidad. Sabiendo que estos conflictos no conducen a nada bueno, seguir el camino de menor resistencia es a menudo una buena opción. Cuando usted crece en un barrio difícil, se aprende cómo luchar bien o correr rápido. Pero, ¿qué debe hacer cuando se enfrenta a un ataque espiritual? ¿Cómo debe responder?

Los deseos de tu carne están en constante oposición a la Palabra de Dios.

¡Deténgase y deje que Dios pelee! La vida cristiana es una batalla diaria. Usted será atacado por muchos lados pero la batalla más grande procederá de su interior. Los deseos de su carne están en constante oposición a la Palabra de Dios. Nunca descansan y nunca quieren perder. No se darán por vencidos y no quedarán completamente satisfechos. Como un hijo de Dios, usted ya tiene el poder para conquistar su carne. Permita que Dios pelee por usted.

Por lo demás, hermanos míos, fortaleceos en el Señor, y en el poder de su fuerza. Vestíos de toda la armadura de Dios, para que podáis estar firmes contra las asechanzas del diablo. (Efesios 6:10-11)

¡Usted debe vivir para ganar! Mientras anda en el Espíritu viviendo una vida que permanece, usted ganará la batalla contra su carne. El poder del Espíritu de Dios siempre vencerá al poder de la carne. Usted no está en una batalla perdida, está en una guerra que ya se ganó. El poder para ganar vive en usted.

Mientras andas en el Espíritu viviendo una vida que permanece, ganarás la batalla contra tu carne.

No importa cuáles hábitos destructivos o adicciones te vencieron en el pasado, el poder para sobreponerlos ahora vive en usted. Permanecer es la forma en que usted se defiende. ¡No se sienta culpable! No se maltrate cuando peca y pierde una batalla singular.

**No importa cuáles hábitos destructivos ó adicciones te vencieron en el pasado, el poder para sobreponerte a ellos ahora vive en ti.**

Confiese sus pecados al Señor, levántese otra vez y ande. Deje que Dios pelee las batallas por usted. Cuando usted trata de pelear las batallas espirituales en su propia carne, pierde. Pero cuando se detiene y permite que el poder grandioso de Dios pelee a través de su vida, de seguro ganará. Puede estar confiado cuando Dios está peleando. Él puede lidiar con sus batallas. Pablo le escribió a creyentes en una de sus cartas:

**Por lo demás, hermanos míos, manténganse firmes en el Señor y en el poder de su fuerza. Revístanse de toda la armadura de Dios, para que puedan hacer frente a las asechanzas del diablo. (Efesios 6:10-11)**

**Recibir:** Abra su Biblia y lea 1 Corintios 10:13. ¿Cuáles son la tres batallas principales con las cuales has luchado en el pasado? Clama al Señor para ayudarte a ponerte de pie y mira cómo pelea a favor tuyo.

**Regocijar:** En oración, considere lo siguiente: ¿Cuáles son las tres batallas principales que he luchado en el pasado? ¿Por qué son tan difíciles? Dios me está enseñando a:

**Repartir:** En oración, pregúntese, "Señor, ¿qué debo cambiar a la luz de estas verdades? ¿Cuáles pasos debo tomar?" ¿Con quién puedes compartir esto hoy?

# Día #25 - Repartiendo Amor y Gozo

Mas el fruto del Espíritu es amor, gozo. (Gálatas 5:22)

El hombre que hace entregas toca su puerta con ganas. Usted abre la puerta y ve su uniforme. Sin decir una palabra, usted ya sabe lo que le van a entregar. El uniforme lo identifica. Rápidamente se reducen las opciones. Hay personas esperando su entrega. ¿Qué le va a dar? Lo que usted entrega es muy importante.

Como Cristiano, el demostrar el amor de Dios a otros
es la entrega más importante que haces.

Como cristiano, el demostrar el amor de Dios a otros es la entrega más importante que hace. El repartir el amor de Dios es una experiencia agradable y plena. Es emocionante entregar el amor que Dios le diseñó a entregar. Si su entrega del amor de Dios ha cesado, afectará negativamente su relación con el Señor. Se supone que su entrega sea una actividad continua en vez de un solo evento. Usted fue diseñado para entregar el amor de Dios a otros.

El repartir el amor de Dios a otros a menudo se identifica por su variedad. La variedad es algo bueno. Sin variedad, nuestras vidas serían aburridas. ¿Sabía que una variedad de fruto glorifica a Dios? No trate de repartir el amor de Dios en la manera exacta que otros lo hacen. Dios le creó como usted es con un propósito.

El amor de Dios se recibe.

La manera en que demuestra su amor a otros muchas veces es determinada por su personalidad, pero las características del amor siguen siendo las mismas. Cuando lo entrega, ¿podría usted identificar las siguientes características?

El amor es sufrido, es benigno; el amor no tiene envidia, el amor no es jactancioso, no se envanece; no hace nada indebido, no busca lo suyo, no se irrita, no guarda rencor; no se goza de la injusticia, mas se goza de la verdad. Todo lo sufre, todo lo cree, todo lo espera, todo lo soporta. El amor nunca deja de ser; pero las profecías se acabarán, y cesarán las lenguas, y la ciencia acabará. (1 Corintios 13:4-8)

No se trata de usted. ¿Por qué? Sencillamente porque el amor se trata de otros. No hay nada egoísta en ello. La entrega de un amor gozoso a otros tiene que ver con conocer a Dios y dándolo a conocer a Él. Usted no produce esa clase de amor porque no se puede fabricar. El amor de Dios se recibe.

Como rama, usted sencillamente recibe el amor de Dios y lo reparte a otros con un espíritu de gozo. Se trata de ser una rama bajo la sumisión completa de la Vid y de los planes del Labrador. Usted fue diseñado para entregar el amor de Dios a otros.

Fuiste diseñado para entregar el amor de Dios a otros.

**Recibir:** Abra su Biblia y lea 1 Corintios 13:4-8. Pídele al Señor que te ayude a entregar un cantidad generosa de amor y gozo a otros. En el Evangelio de Juan, refleja en cómo Jesús entregó amor y gozo.

**Regocijar:** Considere lo siguiente: ¿Entrego una cantidad generosa de amor y alegría a otros? ¿Cómo puedo hacer esto más eficientemente? Dios me está enseñando a:

**Repartir:** En oración, pregúntese, "Señor, ¿qué debo cambiar a la luz de estas verdades? ¿Cuáles pasos debo tomar?" ¿Con quién puedes compartir esto hoy?

## Pensamientos que Permanecen

A ninguna iglesia le hace falta nada.

Teniendo a Jesús, tienen todo lo que necesitan para tener éxito.
Deben mejorar en su recibir, no en su hacer.

No hay malos lugares para que una iglesia exista.

Sólo hay lugares donde grandes recibidores deben estar presentes.

La iglesia necesita ir en la dirección del dolor si vamos a ir donde Jesús va.

El éxito es tomar el siguiente paso del amor. El moverse hacia adelante
con un corazón abierto hacia Dios y el hombre.

La perfección es vivir con un corazón abierto como el de Dios.

Todo y todos deben ser vistos a través de los ojos de Jesús y tratados
de acuerdo a Sus intenciones.

La meta es la gloria de Dios. Cuando Su carácter es perfectamente visible
y disponible, todo estará bien.

Una iglesia saludable es aquella en la cual cada rama está experimentando
verdadera satisfacción en la vid y repartiendo dicha satisfacción
sin demorar ó juzgar.

Yo peco cuando busco satisfacción aparte de la vid.

# Día #26 - Paz y Paciencia

Mas el fruto del Espíritu es amor, gozo, paz, paciencia. (Gálatas 5:22)

El estrés se ha relacionado como un factor que contribuye a la enfermedad cardíaca, enfermedad mental, insomnio y otros problemas de la salud. Acelera negativamente problemas específicos de salud. La gente necesita experimentar la paz desesperadamente. Tienen que encontrar la paz para su espíritu y encontrar descanso para su alma.

No tienes que buscar la paz, ya la tienes.

El mundo quiere paz pero no la puede encontrar. La paz infinita de Dios vive en usted. La presencia perfecta de Cristo está lista para ayudarle a navegar las tormentas de la vida. Usted no tiene que buscar la paz, ya la tiene. Al encontrar a otros derrotados por las tormentas de la vida, aproveche el momento para entregar, generosamente, el bienestar perfecto de Cristo.

Jesús dijo a Sus discípulos:

La paz os dejo, mi paz os doy; yo no os la doy como el mundo la da.
No se turbe vuestro corazón, ni tenga miedo. (Juan 14:27)

La ansiedad ya no debe controlar sus pensamientos. Como hijo de Dios, usted puede estar confiado en Su provisión para cada área de su vida. Desarrolle el hábito de buscar Su provisión para todas sus necesidades. Dios puede cuidar de usted. Él puede cuidar de aquellos que están a su alrededor. En cada ocasión usted debe compartir, con valor, como Dios hay suplido sus necesidades. Pablo escribió:

Por nada estéis afanosos, sino sean conocidas vuestras peticiones delante de Dios en toda oración y ruego, con acción de gracias. Y la paz de Dios, que sobrepasa todo entendimiento, guardará vuestros corazones y vuestros pensamientos en Cristo Jesús. (Filipenses 4:6 - 7).

Dios puede producir una abundancia de fruto mientras le guía a través de las tormentas de la vida.

Puede ser que se encuentre en una terrible tormenta. Puede ser que el Labrador decida ponerle en medio de una crisis física, relacional o financiera. ¿Por qué haría eso? Es posible que decida usarlo para modelar la vida que permanece y servir de ánimo a algunas ramas cercanas. Dios puede producir una abundancia de fruto mientras le guía a través de las tormentas de la vida. Pablo escribió:

> Yo pues, preso en el Señor, os ruego que andéis como es digno de la vocación con que fuisteis llamados, con toda humildad y mansedumbre, soportándoos con paciencia los unos a los otros en amor, solícitos en guardar la unidad del Espíritu en el vínculo de la paz. (Efesios 4:1-3)

**Recibir:** Abra su Biblia y lea Mateo 6:25. Comparte abiertamente con el Señor las cosas que están molestando tu corazón hoy. Pídele que te ayude a descansar en Su paz y seguir confiando en Su provisión diaria.

**Regocijar:** Considere lo siguiente: ¿Soy honesto con Dios acerca de mis inquietudes? ¿Para cuáles desafíos no estoy pidiéndole ayuda? Dios me está enseñando a:

**Repartir:** En oración, pregúntese, "Señor, ¿qué debo cambiar a la luz de estas verdades? ¿Cuáles pasos debo tomar?" ¿Con quién puedes compartir esto hoy?

# Día #27 - Benignidad, bondad, fe

Pero el fruto del Espíritu es amor, gozo, paz, paciencia, benignidad, bondad, fe. (Gálatas 5:22)

Hay ciertos ingredientes que usted busca antes de preparar una comida especial para su familia. Como un cocinero veterano, sabe exactamente lo que necesita y dónde encontrarlo. Cada vez que usted utiliza estos ingredientes, el perfecto sabor está garantizado. Es bueno conocer los resultados previstos de los ingredientes adecuados.

Cada demostración del amor de Dios debe ser entregada con completa integridad.

Usted fue diseñado para repartir benignidad al ayudar a otros a encontrar descanso. Como cristiano, su vida debe estar marcada por la bondad. El entregar bondad significa quitar las cargas que otros están llevando. A la misma vez, está aligerando las cargas de la vida y dándoles a otros una oportunidad para descansar. También significa que está demostrando misericordia y favor para con otros, aun cuando no cree que lo merezcan. Jesús dijo:

Vengan a mí todos ustedes, los agotados de tanto trabajar, que yo los haré descansar. Lleven mi yugo sobre ustedes, y aprendan de mí, que soy manso y humilde de corazón, y hallarán descanso para su alma. (Mateo 11:28 - 29)

Revise sus motivos. Su entrega debe ser envuelta en pureza. Cada demostración del amor de Dios debe ser entregada con integridad. Integridad significa ser uno, entero o completo. No puede haber mensajes conflictivos, motivos ocultos o engaño. Cada oportunidad que tiene para entregar el amor de Dios debe ser caracterizada por un corazón puro. Aun cuando no vea resultados inmediatos, usted debe hacerlo con excelencia moral y dejar que Dios se encargue de los resultados. Pablo nos anima:

No nos cansemos, pues, de hacer el bien; porque a su tiempo cosecharemos, si no nos desanimamos. Así que, según tengamos oportunidad, hagamos bien a todos, y mayormente a los de la familia de la fe. (Gálatas 6:9-10)

Cada oportunidad que tiene para entregar el amor de Dios debe ser caracterizada por un corazón puro.

Usted debe hacer el bien y vivir en integridad completa. ¿Pueden su familia, sus amistades, sus vecinos y sus compañeros de trabajo contar con usted? ¿Es conocido como alguien que dice una cosa pero después hace otra? De ser así, su comportamiento antiguo no fue enterrado cuando Jesús llegó a su vida.

El entregar fidelidad tiene otra apariencia y sentir. En Cristo, puede vivir responsablemente. Ahora tiene la capacidad de entregar verdad consistentemente, en vez de culpar a otros por sus acciones.

**Recibir:** Abra su Biblia y lea Juan 8 y 11. Lee Juan, capítulos 8 al 11 con mucha oración. Escribe como Jesús entregó benignidad, bondad y fidelidad a los que estaban a Su alrededor.

**Regocijar:** Considere lo siguiente: ¿Cómo demostró Jesús amabilidad y bondad a los demás? ¿Cómo puedo hacer lo mismo?

**Recibir:** En oración, pregúntese, "Señor, ¿qué debo cambiar a la luz de estas verdades? ¿Cuáles pasos debo tomar? ¿Con quién puedes compartir esto hoy?

# Día #28 - Mansedumbre y Templanza

Pero el fruto del Espíritu es amor, gozo, paz, paciencia, benignidad, bondad, fe, mansedumbre, templanza. Contra tales cosas no hay ley. Y los que son de Cristo han crucificado la carne con sus pasiones y deseos. Si vivimos por el Espíritu, vivamos también según el Espíritu. No nos hagamos vanidosos, ni nos irritemos unos a otros, ni sintamos envidia entre nosotros. (Gálatas 5:22 - 26)

El cliente le grita: "Me voy a tomar otro trago, Samuel", mientras se le cae el vaso al suelo. Es un buen cliente del bar. Aunque es noble cuando está sobrio, su falta de control lo transforma después de beber durante dos horas. Es un espectáculo difícil de ver. Sus palabras y acciones se vuelven destructivos.

El vivir una vida que permanece determina tanto la calidad como la cantidad de nuestra entrega.

Demostrar mansedumbre no es muy normal. No lo vemos todos los días. Experimentamos lo opuesto de aquellos que están a nuestro alrededor. El entregar mansedumbre implica humillarnos ante Dios y mantenernos sumisos y dispuestos a aprender de Sus caminos. El vivir una vida que permanece determina tanto la calidad como la cantidad de su entrega. Recuerde, la Vid es aquella que produce el fruto. Santiago escribió:

Por lo cual, desechando toda inmundicia y abundancia de malicia, recibid con mansedumbre la palabra implantada, la cual puede salvar vuestras almas. Pero sed hacedores de la palabra, y no tan solamente oidores, engañándoos a vosotros mismos. (Santiago 1:21 - 22)

Demostrar templanza significa guiar en vez de forzar; guiar en vez de demandar y ser considerado en vez de desatento. El entregar templanza implica recibir instrucciones con gozo y mantener la actitud debida. Significa demostrar un espíritu cariñoso y tomar el tiempo para servir y ayudar a otros. Pablo nos recuerda:

En vez de eso, sean bondadosos y misericordiosos, y perdónense unos a otros, así como también Dios los perdonó a ustedes en Cristo. (Efesios 4:32)

Las personas necesitan saber que usted realmente se preocupa por ellos. Vivir una vida que permanece y no estar en control de uno mismo, no pueden ser parte de la misma vida.

Cuando usted está andando en el Espíritu demostrará y entregará dominio propio. No responderá como lo hacen los demás. No participará en las actividades o en las conversaciones que destruirán a otros o alimentan los deseos de su carne. La mansedumbre y el dominio propio es el producto del Espíritu Santo, no la carne. Permítale a Dios que le transforme.

Cuando estás andando en el Espíritu demostrarás
y entregarás dominio propio.

**Recibir:** Abra su Biblia y lea Gálatas 5:1-5. Revisa tus versículos de memoria. Pasa tiempo con el Señor y pídele que te muestre áreas donde te falta mansedumbre y templanza (dominio propio).

**Regocijar:** Considere lo siguiente: ¿En qué área de mi vida me hace falta mansedumbre y dominio propio? Dios me está enseñando a:

**Repartir:** En oración, pregúntese, "Señor, ¿qué debo cambiar a la luz de estas verdades? ¿Cuáles pasos debo tomar?" ¿Con quién puedes compartir esto hoy?

# Día #29 - Identifica e Intégrate

Y por esta causa los judíos perseguían a Jesús, y procuraban matarle, porque hacía estas cosas en el día de reposo. Y Jesús les respondió: Mi Padre hasta ahora trabaja, y yo trabajo. Por esto los judíos aun más procuraban matarle, porque no sólo quebrantaba el día de reposo, sino que también decía que Dios era su propio Padre, haciéndose igual a Dios. Respondió entonces Jesús, y les dijo: De cierto, de cierto os digo: No puede el Hijo hacer nada por sí mismo, sino lo que ve hacer al Padre; porque todo lo que el Padre hace, también lo hace el Hijo igualmente. Porque el Padre ama al Hijo, y le muestra todas las cosas que él hace; y mayores obras que estas le mostrará, de modo que vosotros os maravilléis. (Juan 5:16 - 20)

Utilizar la carnada correcta le ayudará en sus esfuerzos de pescar buenos peces. Parte de la pesca implica también identificar qué tipo de peces usted desea atrapar. Esto lo lleva a la pregunta: "¿Qué es lo que a estos peces les encanta comer?" La respuesta a esta pregunta le ayuda a identificar y a atraer a estos peces con mayor precisión.

Dios quiere que estés involucrado activamente en Su obra de cambiar vidas.

El Labrador siempre está trabajando a su alrededor. Su obra de transformación de vidas sigue adelante. Esta gran obra se lleva a cabo por medio de aquellos con quien usted se encuentra cada día. Dios quiere que esté involucrado activamente en Su obra de cambiar vidas.

El Labrador siempre está trabajando a su alrededor.

La vida cristiana no se trata de mantenerse ocupado y participar en varios ministerios en la Iglesia. Se trata de vivir por medio de la Vid y ayudar a otros a lograr esta misma conexión en sus vidas. Viva a través de la Vid.

Identifique hoy la obra de Dios e intégrese. El deseo de Dios es de magnificar Su nombre a través de su vida mientras identifica Su obra y se integra. Vivir a través de la Vid es importante en este proceso. Según aprende a oír la voz de Dios y responder a Su llamado, su capacidad para integrarse a Su obra aumenta.

Identifique hoy la obra de Dios e intégrese.

Mientras hace contacto con otros esta semana, considere estas preguntas mientras que usted habla con ellos:

- "¿Cómo es que el Señor quiere que los anime hoy?
- ¿Hay una necesidad específica en su vida por la cual puedo orar?
- ¿Cómo puedo expresar cuánto es que Dios los ama?
- ¿Cómo puedo entregar el amor de Dios de una manera significativa?"

Pídale al Señor que le ayude a identificar Su gran obra y luego responda a Su invitación. ¡Prepárese para identificar e integrarse a las personas que necesitan ayuda y esperanza!

**Según aprendes a oír la voz de Dios y respondes a Sus caminos, tu capacidad para integrarte a Su obra aumenta.**

**Recibir:** Abra su Biblia y lea 1 Pedro 2:17. Sigue memorizando tus versículos y leyendo a través del Evangelio de Juan. Pídele al Señor que te ayude a identificar Su obra y después responder a Su dirección.

**Regocijar:** Considere lo siguiente: ¿Estoy identificando las necesidades en otros e integrándome para ayudarles a encontrar esperanza? Dios me está enseñando a:

**Repartir:** En oración, pregúntese, "Señor, ¿qué debo cambiar a la luz de estas verdades? ¿Cuáles pasos debo tomar?" ¿Con quién puedes compartir esto hoy?

# Día #30 - Acaba la Obra

Yo te he glorificado en la tierra; he acabado la obra que me diste que hiciese. (Juan 17:4)

¡Acabe la obra de Dios por medio de su vida! A todos nos encanta el gran final de una buena película. La intensidad de la última escena conmueve a las personas de una manera física y emocional. ¡No hay nada como un buen final!

El Labrador cuenta con usted para acabar la tarea.

A Dios le encanta ver un gran final en las vidas de Su pueblo. Le encanta ver vidas transformadas por Su asombroso poder. Le encanta ver relaciones sanadas y matrimonios restaurados. A Dios le encanta ver el perdón demostrado y la misericordia distribuida por medio de Su pueblo.

A Dios le encanta ver un gran final en las vidas de Su pueblo.

Le encanta ver Su obra lograda a través de su vida. Dios quiere que acabe la obra para la que Él le ha escogido. Él quiere que persevere y pueda efectuar una diferencia en las vidas de aquellos a su alrededor. Él quiere que termine bien. Usted está en una carrera que sólo usted puede correr. ¡Termine su carrera! Pablo le escribió a Timoteo:

He peleado la buena batalla, he acabado la carrera, he guardado la fe. Por lo demás, me está guardada la corona de justicia, la cual me dará el Señor, juez justo, en aquel día; y no sólo a mí, sino también a todos los que aman su venida. (2 Timoteo 4:7-8)

El Labrador cuenta con usted para acabar la tarea. Él ha invertido mucho en su vida y está buscando el mayor rendimiento de ella. El enemigo quiere destruir su vida. Él no quiere que acabe la obra. Hará todo lo que pueda, aun usando otras ramas para desanimarlo a lo largo del camino. ¡No se desanime...acabe la obra! Manténgase enfocado. Juan escribió:

Hijitos, ustedes son de Dios, y han vencido a esos falsos profetas, porque mayor es el que está en ustedes que el que está en el mundo. (1 Juan 4:4)

Viviendo una vida que permanece es la condición para terminar bien y acabar la gran obra de Dios. Viviendo una vida que permanece es la clave para glorificar a Dios y cumplir Sus propósitos para su vida. Aparte tiempo para dar gracias a Dios por ayudarle a terminar Su obra a través de su vida.

Continúe el estudio de la Palabra de Dios, recibiendo de Su Hijo, la Vid, todos los días. Permítale a Dios que acabe Su gran trabajo a través de usted. Esta es la forma en que Él desea que usted viva cada día, momento a momento. Esfuércese para cumplir su parte. ¡Acabe la obra!

Dios quiere que acabes la obra que Él escogió para que hagas.

**Recibir:** Abra su Biblia y lea 1 Pedro 2:17. Repasa todos tus versículos de memoria. Pasa tiempo dándole gracias a Dios por ayudarte a terminar este estudio. Sigue estudiando la Palabra de Dios y recibiendo de Su Hijo cada día. Deja que Dios acabe Su gran obra a través de ti por medio del permanecer.

**Regocijar:** Considere lo siguiente: ¿Estoy honrando a otros al identificar sus necesidades y servirles incondicionalmente? Dios me está enseñando a:

**Repartir:** En oración, pregúntese, "Señor, ¿qué debo cambiar a la luz de estas verdades? ¿Cuáles pasos debo tomar?" ¿Con quién puedes compartir esto hoy?

# Pensamientos que Permanecen

La vida Cristiana es tan sencilla como recibir, regocijar y repartir.
Es tan sencilla como el recibir de Jesús lo que él está listo, dispuesto y capaz
de dar, gozando ahora lo que está dando y repartiendo a otros
lo que hemos recibido porque hay más para recibir.

Jesús se comportaba naturalmente el 100% del tiempo. Su esencia tenía tanta paz
con el Padre que su esfuerzo y efecto siempre revelaba la gloria de Dios.

Cada iglesia puede tener perfecta salud, producir mucho fruto y llegar a ser
una viña llena de ramas que permanecen, glorificando a Dios.

Como una rama en la vid, mi preocupación debe ser con la vid, no el fruto.
El Labrador se preocupará por el fruto que desea y podará todo
lo que sea necesario para producirlo.

El cumplido más grande que le puedo dar a Dios cada día es presentarme vacío
ante Él y sólo pedir.

El ser perfecto no siempre se trata de ahora mismo. Soy perfecto momento
a momento y eso sólo es posible si la perfección de Dios fluye, momento
a momento, de Su corazón abierto por medio de mi corazón abierto.

Una pregunta sencilla debe determinar mi comportamiento
para con aquellos que están en pecado. "¿Cómo debemos nosotros,
que nunca moriremos, tratar a aquellos que posiblemente nunca vivirán?"

# ¿Qué Sigue?

Por eso, ustedes deben esforzarse por añadir virtud a su fe, conocimiento a su virtud, dominio propio al conocimiento; paciencia al dominio propio, piedad a la paciencia, afecto fraternal a la piedad, y amor al afecto fraternal. Si todo esto abunda en ustedes, serán muy útiles y productivos en el conocimiento de nuestro Señor Jesucristo. (2 Pedro 1:5-8)

**¿Qué debo hacer ahora?** Buena pregunta. Pero puede ser que la respuesta le asombre. Usted no tiene que salir y digerir 2 ó 3 libros cristianos por semana, escuchar la radio cristiana todos los días o añadir varias actividades nuevas a su horario. Lo que hace ahora es sencillamente edificar sobre el fundamento que ya ha establecido en este último año: repase, reflexione y responda. Su nutrición espiritual diaria variará, pero la fuente será la misma. El Labrador obrará a través de la Vid para forjar su vida para un mayor impacto.

Ahora debe conocer al Señor más íntimamente, añadiendo a esta nueva manera de vivir, el permanecer en la Vid, y no cambiarlo por otra.

Las ramas no cambian lo que hacen para crecer y dar fruto. Pero sí cambian ciertas características de sí mismas según nuevos nutrientes se introducen por medio de la Vid. Ahora debe conocer al Señor más íntimamente, añadiendo a esta nueva manera de vivir, el permanecer en la Vid, y no cambiarlo por otra. Su vieja naturaleza fue diseñada para morir y ser reemplazada, pero su nueva naturaleza fue diseñada para vivir y crecer.

El Labrador obrará a través de la Vid para forjar su vida para un mayor impacto.

¿Cómo puede seguir creciendo en su fe? Recuerde la meta. **Usted fue diseñado para glorificar a Dios dando mucho fruto.** Crecerá en su fe al dar fruto. Al crecer espiritualmente, dará más fruto. Aquí hay algunas preguntas que debe considerar al edificar sobre el fundamento de una vida que permanece:

- ¿Cuáles cambios aún necesito hacer para seguir la Biblia de todo corazón?
- ¿Qué puedo eliminar o reducir en mi horario para ayudarme a pasar más tiempo en oración, estudio bíblico y compañerismo con otros creyentes?
- ¿Cuáles otros libros de la Biblia serían buenos para estudiar a continuación y quién puede convertirse en un mentor para mí?

¿A cuál clase o grupo necesito asistir para aumentar mi amor para con Dios, Su Palabra, Su pueblo y para con otros? ¿Cómo puede la Iglesia ayudarme a crecer en mi conocimiento y aplicación de la Palabra de Dios? Usted debe hacer sacrificios diarios para hacer crecer su fe. Usted fue diseñado para entregar mucho fruto. Recuerde las palabras de Jesús:

Y el que no lleva su cruz y viene en pos de mí, no puede ser mi discípulo. (Lucas 14:27)

**Recibir:** Abra su Biblia y lea todo el Evangelio de Juan.

**Regocijar:** Considere lo siguiente: ¿Qué verdad ha cambiado más mi forma de pensar y mi comportamiento? ¿Cómo fue que sucedió?

**Repartir:** En oración, pregúntese, "Señor, ¿qué debo cambiar a la luz de estas verdades? ¿Cuáles pasos debo tomar?"

# Los Unos a Otros

## Construir relaciones saludables con el pueblo de Dios

Dejen de quejarse los unos a los otros (Juan 6:43).

Ámense unos a otros como Jesús los amó a ustedes (Juan 13:34).

Que derramen amor entre los unos y los otros (1 Tesalonicenses 3:13).

Que sobreabunde el amor para todos (1 Tesalonicenses 3:13).

Ámense los unos a los otros con afecto fraternal (Romanos 12:10).

Excédanse unos a otros para mostrar honor (Romanos 12:10).

Ámense los unos a los otros (1 Juan 3:11).

Sean de la misma opinión el uno hacia el otro (Romanos 12:16).

Acéptense unos a otros con amor (Efesios 4:1-3).

Únanse en Espíritu unos con otros (Efesios 4:1-3).

Sean amables los unos con los otros (Efesios 4:32).

# Los Unos a Otros

## Construir relaciones saludables con el pueblo de Dios

Sean compasivos los unos con los otros (Efesios 4:32).

Perdónense unos a otros así como Dios en Cristo también nos ha perdonado (Efesios 4:32).

No se mientan unos a otros (Colosenses 3:9).

Sopórtense los unos a los otros de corazón (Colosenses 3:13).

No se quejen unos de otros (Santiago 5:9).

Estén en paz los unos con los otros. (Marcos 9:50).

No se juzguen entre sí (Romanos 14:13).

Por amor, sírvanse los unos a los otros (Gálatas 5:13).

Deje de pelear el uno con el otro (Gálatas 5:15).

Lleve las cargas el uno del otro (Gálatas 6:2).

Sométanse el uno al otro por reverencia a Cristo (Efesios 5:21).

# Los Unos a Otros

## Construir relaciones saludables con el pueblo de Dios

Busquen las cosas que hacen la paz los unos con los otros (Romanos 14:19).

Busquen las cosas que edifican los unos a los otros (Romanos 14:19).

Sean de un mismo sentir el uno hacia el otro (Romanos 15:5-7).

Recíbanse unos a otros, tal como Cristo también los recibió (Romanos 15:5-7).

Anímense unos a otros diariamente (Hebreos 3:12).

Consideren cómo animarse unos a otros para amar y hacer buenas obras (Hebreos 10:24-25)

Anímense unos a otros (Hebreos 10:24-25).

Enseñen y amonesten a los demás con toda sabiduría (Colosenses 3:16).

Vístanse todos con humildad el uno hacia el otro (1 Pedro 5:5).

Lávense los pies unos a otros (Juan 13:14).

Sométanse unos a otros (Efesios 5:21).

# Los Unos a Otros

## Construir relaciones saludables con el pueblo de Dios

Estén unidos en pensamientos los unos con los otros (Filipenses 2:1-4).

Tengan el mismo amor los unos por los otros (Filipenses 2:1-4).

Considérense unos a otros más importantes que ustedes (Filipenses 2:1-4).

Cuiden los intereses de unos a otros (Filipenses 2:1-4)

En humildad, considérense unos a otros (Filipenses 2:1-4).

Anímense unos a otros (1 Tesalonicenses 5:11).

Edifíquense unos a otros (1 Tesalonicenses 5:11).

Sean hospitalarios unos para con otros sin quejarse (1 Pedro 4:9).

Sírvanse el uno al otro (1 Pedro 4:10).

Confiesen sus pecados el uno al otro (Santiago 5:16).

Ore el uno por el otro (Santiago 5:16).